Bernd Hillebrand, Albert Biesinger, Reinhold Boschki, Barbara Berger,
Herbert Bendel, Stefanie Hocker, Jörn Hauf, Sarah Weber

Gott mit neuen Augen sehen

WEGE ZUR ERSTKOMMUNION

FamilienBeziehungsBuch

Komplett überarbeitete Neuausgabe
auf der Basis der 11. Auflage von
Albert Biesinger, Herbert Bendel
Barbara Berger, David Biesinger, Jörn Hauf

Illustriert von Barbara Jung

Mit der Geschichte »Mit Paula auf Entdeckungstour«
von Norbert M. Becker
unter Mitarbeit von Frank Barrois

Kösel

Das ist meine Familie

Schreibe hier die Namen aller Menschen auf, die zu dir gehören – nahe und ferne.

Hier sieht man meine Kindergruppe und wichtige Begleiter:innen auf meinem Kommunionweg in der Gemeinde:

Klebe hier ein Bild von deiner Kommuniongruppe ein; du kannst sie auch malen. Lasse alle Menschen, die dich auf deinem Kommunionweg begleiten, hier unterschreiben.

Hallo, dieses Buch gehört …

Gestalte hier deinen Namen oder klebe ein Bild von dir ein.

Widmung

____

____

____

Dieses Familienbuch ist ein wertvolles Buch. Es will dir helfen, dich in deiner Familie mit Gott und der großen Gemeinschaft aller Glaubenden zu verbinden.

INHALT

VORWORT

Dieses FamilienBeziehungsBuch will Sie auf Ihrem gemeinsamen Weg zur Erstkommunion als Familie zusammen mit der Gemeinde begleiten.

Ihr Kommunionkind ist mit Ihrer Familie intensiv in Beziehung. Sie sind als Eltern und Beziehungspersonen für die Gottesberührung Ihres Kindes sehr wichtig.

Es spricht religionspädagogisch alles dafür, dass Sie als Familie den Kommunionweg gemeinsam gehen und dabei alltagstaugliche Ermutigung finden. Unser FamilienBeziehungsBuch will Sie auf dem Kommunionweg gemeinsam mit Ihrem Kind begleiten: *Gott mit neuen Augen sehen*.

Es ist egal, wie Sie als Familie unterwegs sind – als Alleinerziehende oder in Familien, die sich aus verschiedenen Ursprungsfamilien zusammengefunden haben – Sie können selbstverständlich Ihre Kinder religiös begleiten.

Und auch wenn Sie bislang mit Ihrer Kirchengemeinde nicht intensiv verbunden sind – jetzt gibt es eine neue Chance, den Faden der Beziehung wieder aufzunehmen, Kontakte zu anderen Familien zu knüpfen und zu pflegen und die Kirchengemeinde als Lebensraum neu zu entdecken – so intensiv oder so frei wie Sie es wünschen, ohne, dass Sie sich vereinnahmt fühlen.

Das FamilienBeziehungsBuch ist das Leitmedium dieses Kommunionwegs.

Sie finden darin Rituale und Gespräche, die Ihrem Zusammenleben in der Familie Kraft und Sinn geben.

In den Bausteinen finden Sie interessante Geschichten und Denkanstöße, Bilder und Gesprächsanregungen und zusammenfassendes Beziehungswissen, die jeweils durch ein Symbol markiert sind.

Bunte Beziehungsfäden im Buch begleiten Sie auf Ihrem Kommunionweg, sodass Sie Ihre Beziehungen in der Familie, mit Gott und der Kirche neu oder vertieft gestalten können.

Kinder kommen in diesem Buch auch zu Wort: Die Geschichte von Paula und ihren Freund:innen Gülçin, Sven und Matteo führt in mehreren Etappen durch das Buch hindurch und am Ende des Buches erklärt Paula Ihnen als Familie die Feier der Eucharistie.

Gottesberührung will uns Menschen aufbauen und unserem Leben einen tiefen Sinn und Kraft im Auf und Ab des Alltags geben.

Machen Sie aus der eiligen Zeit eine heilige Zeit!

Zusätzlich stellen wir über dieses Buch hinausgehend interessante Möglichkeiten für die Organisation und Planung der Kommunionvorbereitung in der Gemeinde vor Ort sowie praxiserprobte Anleitungen und Materialien zur **Gestaltung der Kinder-** sowie für **Familien- und Elterntreffen** zur Verfügung.

An vielen Stellen im FamilienBeziehungsBuch finden Sie den Hinweis auf Online-Zusatzmaterial, das in enger Verbindung zu jeweiligen Kapiteln steht. Über die QR-Codes gelangen Sie teilweise direkt auf das Zusatzmaterial. An den Stellen, an denen auf externes Material verlinkt wird, gelangen Sie auf die Website www.koesel.de/familienbeziehungsbuch, von wo aus Sie weiterklicken können.

Auch für die Gestaltung der Kinder- und Elterntreffen gibt es jeweils eine Homepage, auf der Sie eine reiche Auswahl von bewährten und praxiserprobten Materialien zum Herunterladen entdecken können. All diese Materialien sind eng mit dem FamilienBeziehungsBuch vernetzt.

WIR DANKEN

Unser Dank gilt den vielen Gemeinden, die die Möglichkeiten und Herausforderungen der »Familienkatechese« umgesetzt haben. Es war ein Lernprozess auf vielen Ebenen, sich auf eine solch neue Bedeutung von Eltern für ihre Kinder einzulassen. Herzlich danken wir allen Müttern, Vätern, Beziehungspersonen und Kindern sowie allen Begleiter:innen von Kommuniongruppen, mit denen wir in den letzten Jahren auf dem Kommunionweg unterwegs waren. Ihr Zuspruch und die vielen Rückmeldungen von Familien, Gruppenbegleiter:innen und Seelsorger:innen haben uns ermutigt, »Gott mit neuen Augen sehen« an die sich ständig wandelnden Arbeitsbedingungen und Bedürfnisse der Gemeinden sowie an den rasanten gesellschaftlichen Wandel anzupassen.

Wir danken Pater Norbert M. Becker und Frank Barrois für die Paula-Geschichte zur Liturgie und die wundervollen Lieder. Sigrid Fortkord, Luise Ritter und Susanne Harecker im Kösel-Verlag danken wir für die kompetente und engagierte Begleitung dieses Buchprojektes. Der Illustratorin Barbara Jung verdanken wir die grafisch anspruchsvolle Ausgestaltung dieses Buches.

Für konstruktive Ideen in der Entstehung des Buches bedanken wir uns bei Ruth Keller, Pastoralreferentin in der Erzdiözese Köln.

Außerdem sind wir Weihbischof Matthäus Karrer aus der Diözese Rottenburg-Stuttgart sehr dankbar, dass er dieses Buch und seinen Ansatz stets unterstützt hat.

Rückmeldungen können Sie richten an:
Prof. Dr. Bernd Hillebrand
fambezbu.hillebrand@posteo.de

KOMMUNIONWEG ALS FAMILIENBEZIEHUNGSWEG

ALLES HAT SEINE ZEIT,
GEBOREN WERDEN UND STERBEN,
EINPFLANZEN UND AUSREISSEN,
NIEDERREISSEN UND AUFBAUEN,
WEINEN UND LACHEN,
WEHKLAGEN UND TANZEN,
FINDEN UND VERLIEREN,
SCHWEIGEN UND REDEN.

Nach Kohelet 3,1-8

FAMILIENBEZIEHUNGSGESPRÄCHE

Die Zeit vergeht: Bei der Geburt war Ihr Kind noch ganz klein, es war in allem auf Ihre Liebe und Fürsorge angewiesen. Es hat Gehen und Sprechen gelernt, kam in die Kita und später in die Schule. Und jetzt beginnt für Ihr Kind schon die Vorbereitung auf die Kommunion. Als Eltern können Sie sich bereits ausrechnen, dass Ihr Kind nur noch wenige Jahre so eng mit Ihnen zusammenleben wird wie heute.

Für Sie und Ihr(e) Kind(er) kann es eine Bereicherung sein, wenn Sie sich auf die Anregungen und Geschichten, die Spiele und Texte in diesem FamilienBeziehungsBuch einlassen. Auf keinen Fall sollen Sie sich unter Druck gesetzt fühlen. In diesem Buch geht es um Zuspruch und Zutrauen – probieren Sie es aus.

Dieser gemeinsame Kommunionweg soll Ihnen und Ihrer Familie guttun: Zeit haben und sich Zeit nehmen zum Hinhören und Hinsehen; Zeit, um entspannt miteinander umzugehen und Konflikte positiv zu lösen; Zeit, um ein Gespür weiterzuentwickeln für den Sinn unseres Lebens; Zeit, um Lebensmut und Lebenskraft zu schöpfen; Beziehungszeit, mit sich selbst, mit der Familie, mit Gott. Der Kommunionweg kann so zur Oase in Ihrer Familie werden. Gemeinsam können Sie darin Sinn finden!

Dieses FamilienBeziehungsBuch will Sie bei Ihren gemeinsamen Zeiten des Gesprächs und der Begegnung, der Ruhe und des Nachdenkens begleiten.

KINDERTREFFEN

Die Vorbereitung auf die Erstkommunion in Gruppen hat eine lange Tradition. Sie als Eltern werden diese Vorbereitung vielleicht aus Ihrer eigenen Kindheit kennen und sich daran erinnern.

Die Vernetzung zwischen Ihrer Familie und den Kindertreffen ist eines der zentralen Anliegen der Familienkatechese, um Sie bestmöglich bei der Kommunionvorbereitung Ihres Kindes bzw. Ihrer Kinder zu begleiten.

Die Themen, die Sie im FamilienBeziehungsBuch finden und in der Familie miteinander besprechen, werden in den Kindertreffen auf kreative und spielerische Weise aufgegriffen und vertieft.

Die Gruppe der Gleichaltrigen bekommt für Kinder im Grundschulalter eine immer größere Bedeutung. Es ist wichtig für Kinder, sich mit anderen auszutauschen und Zeit miteinander zu verbringen.

Die Kinder sind gemeinsam auf dem Weg zur Erstkommunion und die lebensnahe Auseinandersetzung mit den Themen in der Gruppe hat einen besonderen Stellenwert. Dabei ist es wichtig, dass sich alle Kinder mit ihren verschiedenen Begabungen, die sie mitbringen, willkommen fühlen. Unser Kommunionweg ist als Beziehungsweg an allen Stellen integrativ angelegt.

Themen, die in der Familie bereits besprochen wurden, erhalten durch die Diskussion mit Gleichaltrigen eine neue Sinnspitze. Neue Sichtweisen werden ins Spiel gebracht. Die Kinder geraten in spannende Gespräche und lernen dabei, dass unterschiedliche Ansichten zu einem Thema eine Bereicherung sind.

Themen, die in der Familie aus verschiedenen Gründen vielleicht nicht besprochen werden können, erleben die Kinder in der Gruppe. Das kann auch eine Entlastung für Sie als Familie sein.

Die Begleiter:innen der Kindergruppen sind häufig Mütter von Kommunionkindern, aber auch Jugendliche oder erwachsene Gemeindemitglieder engagieren sich gerne in der Begleitung von Kommuniongruppen.

Dafür bieten wir unterstützend Material zum Download an, das die Vorbereitung der Gruppentreffen erleichtert. Dies finden Sie auf folgender Homepage: www.koesel.de/familienbeziehungsbuch/Leitungsteam/Kindertreffen.

Dort finden Sie zu allen Bausteinen im FamilienBeziehungsBuch die passenden Ideen für die Gestaltung der Kindertreffen und Alternativen, um die Gruppenstunden an die Bedürfnisse der Gruppe anzupassen.

Die Anregungen für die Kindertreffen sind zeitlich flexibel umsetzbar – in manchen Gemeinden treffen sich die Kindergruppen wöchentlich oder auch alle zwei Wochen. In anderen Gemeinden gibt es zum Beispiel Familientage mit einem gemeinsamen Gottesdienstbesuch und anschließenden Kinder- und Elterngruppentreffen.

Wir wünschen allen Kindern, den Familien und Beziehungspersonen sowie den Gruppen und den Verantwortlichen in den Gemeinden sinnstiftende Momente in der Gemeinschaft auf dem Weg der Erstkommunionvorbereitung.

ELTERNTREFFEN

Der vorliegende Kommunionweg richtet sich nicht nur an die Kommunionkinder, sondern auch an ihre Eltern und weitere Beziehungspersonen. Die Eltern und Beziehungspersonen gehen gemeinsam mit dem Kommunionkind diesen Vorbereitungsweg zum Fest der Erstkommunion. Dafür sind nicht nur die Familienbeziehungsgespräche zu Hause wichtig oder die Treffen der Kinder als Gruppe, sondern auch die Begegnung und der Austausch der Eltern und Beziehungspersonen untereinander.

Ihnen, den Eltern und Beziehungspersonen der Kommunionkinder, wollen wir Mut zusprechen, sich auf die Vorbereitung Ihres Kindes zu Hause einzulassen. Ebenso ermutigen wir Sie, den Austausch und das Nachdenken mit anderen Eltern »über Gott und die Welt« als Chance zu ergreifen, um im persönlichen religiösen Suchen und Fragen weiterzukommen.

Jede Lebenserfahrung kann auch zur Glaubenserfahrung werden.

Wo Eltern und Bezugspersonen darüber ins Gespräch kommen, entsteht und vertieft sich, was lateinisch »Communio«, also »Gemeinschaft« heißt, im Glauben.

Wir laden Sie ein, mutig und beherzt die von Ihrer Kirchengemeinde angebotenen Möglichkeiten zu nutzen, um konkret Gemeinschaft mit anderen Eltern und Familien auf dem Kommunionweg zu entdecken und zu erfahren.

Die Eltern und Beziehungspersonen auf dem Weg zur Erstkommunion des Kindes zu begleiten, ist eine wichtige Aufgabe einer Kirchengemeinde.

Für die Begleitung der Eltern und Beziehungspersonen finden Verantwortliche in den Gemeinden nicht nur in diesem FamilienBeziehungsBuch, sondern auch auf folgender Website viele praktische und passende Anregungen, Tipps und Bausteine: www.koesel.de/familienbeziehungsbuch/Leitungsteam/Elterntreffen.

Die Anregungen für Elterntreffen sind durch die Verantwortlichen flexibel realisierbar – bei abendlichen Treffen oder bei Familien(halb)tagen oder auch integriert in Gottesdienste.

Emotionale und kognitive, aber auch spirituelle und meditative Zugänge wollen den Eltern und Beziehungspersonen ermöglichen, auf ihrem individuellen Glaubensweg weiterzukommen und dabei Glaubensgemeinschaft hilfreich und anregend zu erfahren.

Die Materialien und Methoden sind in der Praxis erprobt und haben sich ebenfalls als hilfreich und anregend für viele Eltern und weitere Beziehungspersonen bewährt.

ZUM UMGANG MIT DIESEM BUCH

Die wichtigste Gemeinschaft auf dem Weg zur Erstkommunion ist Ihre Familie – und zwar so, wie sie jetzt konkret ist, mit all ihren Freuden und Sorgen, Ängsten und Nöten, ihren Brüchen und Umbrüchen.

Dieses FamilienBeziehungsBuch möchte Sie unterstützen, mit Ihrem Kind über den Glauben und Jesus Christus ins Gespräch zu kommen. Dadurch bereiten Sie sich selbst und Ihr Kind bewusst auf die Feier der Erstkommunion vor. An die Themen dieses Buchs knüpfen die Themen der Kindertreffen an und bilden dadurch eine sinnvolle Einheit.

Es ist gut, wenn Sie für dieses Familienbeziehungsgespräch einen festen Zeitpunkt im Wochenablauf einplanen. Es sollte dabei eine gute Atmosphäre spürbar sein. Ein Ritual am Anfang und am Ende des Gesprächs, das Sie im Buch finden, möchte Ihnen dabei helfen.

Das FamilienBeziehungsBuch gliedert sich in vier große Themenbereiche:

- Was uns wichtig ist und bleibt
- Mit Jesus Gottes Spuren suchen
- In heiligen Zeichen mit Gott verbunden
- Gemeinsam auf dem Weg

Am Beginn jedes Themenbereichs finden Sie eine inhaltliche Einführung, die sich an Sie, die Eltern und Beziehungspersonen, richtet und Ihnen die jeweils folgenden vier Bausteine zum Familienbeziehungsgespräch erschließt.

Den Abschluss jedes Themenbereichs bildet die fortlaufende Geschichte von Paula, Gülçin, Sven und Matteo, die sich auf einer ereignisreichen Kinderfreizeit begegnen. Dabei erfahren sie voneinander einiges über Gemeinsamkeiten und Unterschiede verschiedener Glaubenswege, auch über das Verhältnis zu anderen Religionen.

Das vorliegende Buch enthält 16 Bausteine. Ihr katechetisches Leitungsteam trifft vielleicht eine Auswahl aus diesen Bausteinen. Bei den Elterntreffen erfahren Sie, wie Ihre Gemeinde die Abfolge der Kindertreffen plant. Die Bausteine zum Familiengespräch, die im konkreten Kommunionweg Ihrer Gemeinde nicht vorkommen, können Sie im Gespräch mit Ihrem Kind auch selbstständig einbinden, um zusammen mit Ihrem Kind die Beziehung untereinander und zu Gott möglichst lebendig und intensiv zu vertiefen.

FESTE ELEMENTE GLIEDERN DAS GESPRÄCH

Die Bausteine für alle Familienbeziehungsgespräche in diesem Buch bestehen aus sich wiederholenden Elementen. Folgende Symbole leiten Sie dabei:

Eröffnungsritual

Das Eröffnungsritual hilft, am Anfang zur Ruhe zu kommen.

Schlusssegen

Ein Segen schließt Ihr Gespräch ab.

Beziehungsfäden und Beziehungswissen

Die verschiedenen Beziehungen, in denen wir leben, führen als Fäden durch das Buch. Am Ende jedes Bausteins wird das religiöse Beziehungswissen gebündelt.

Familienbeziehungsgespräch

Fragen und Denkanstöße bringen Sie als Familie miteinander ins Gespräch.

Handlungsanregungen

Handlungsanregungen helfen, kreativ zu werden oder konkret zu handeln.

Gebete

Gebete laden ein, gemeinsam mit Gott in Beziehung zu kommen.

Bibeltexte und -zitate

Texte aus der Bibel erzählen von Gott und Jesus und der langen Tradition des Glaubens.

Zusatzmaterial

Das Downloadsymbol samt QR-Code gibt an, dass Sie an dieser Stelle im Buch Zusatzmaterial online entdecken können, wie zum Beispiel Versionen der Lieder, die im Buch abgedruckt sind, aber auch viele weitere Materialien.

Beziehungsfäden

Die Erstkommunion ist ein Beziehungsfest. Viele Beziehungen, die in unserem Leben wichtig sind, spielen bei der Vorbereitung und der Feier eine besondere Rolle. Alle Beziehungen sind miteinander verknüpft:

Das FamilienBeziehungsBuch will Dich als Erstkommunionkind und Sie als Familie auf dem Beziehungsweg der Erstkommunion begleiten. An vielen Stellen in diesem Buch tauchen die Beziehungsfäden auf. Hier können wir über unsere Beziehungen nachdenken und sie bewusst gestalten.

- zu mir selbst
- zur Zeit
- zu anderen
- zu Gott und zu Jesus
- zur Welt

AUFBRECHEN ZUM NEUEN,
DAS ICH NOCH NICHT VERSTEHEN KANN.

SICH HINEINZIEHEN LASSEN
IN DAS GEHEIMNIS GOTTES.

GOTT ENTGEGENZWEIFELN.

GOTT ENTGEGENHOFFEN.

GOTT UND DEM LEBEN TRAUEN.

WAS UNS WICHTIG IST UND BLEIBT

Liebe Eltern und Beziehungspersonen,

wir können dem Leben nicht mehr Tage geben, wir können aber den Tagen mehr Leben geben. Diese Weisheit gilt auch für Sie als Familie auf dem Weg zur Erstkommunion. Sie können als Eltern und Beziehungspersonen mit Ihrem Kind vertieft ins Gespräch kommen und viel Nähe erleben.

Die Themen des ersten Abschnitts im FamilienBeziehungsBuch haben es in sich: Was ist und bleibt wirklich wichtig im Leben?
Für Kinder ist es grundlegend, ob sie sich von ihren Eltern geliebt fühlen – gerade dann, wenn sie Fehler machen.
Die Ideen des Bausteins »Einmalig und unverwechselbar« inspirieren Sie, miteinander ins Gespräch zu kommen und gemeinsam weiter zu suchen, was Ihnen wichtig ist und bleibt.
Erzählen Sie sich, was Sie gegenseitig gut aneinander finden. Im Alltag kommt dies oft zu kurz. Kinder kommen erheblich besser durchs Leben, wenn sie gelobt werden und ihnen Mut zugesprochen wird. Auch, wenn sie manchmal behutsam begrenzt werden müssen, wo sie Gefahr laufen, sich zu verirren.
Glauben Sie an Ihr Kind – Gott glaubt immer schon an Ihr Kind. Bei Gott ist Ihr Kind einmalig und unverwechselbar.

Im Baustein »Miteinander leben – Tag für Tag« geht es um die realistische Gestaltung des Alltags – auch mit Konflikten, mit Streit und mit Sorgen. Kinder haben oft große Sorgen. Eltern sollten diese nicht übersehen, sondern sie wahrnehmen und hilfreich thematisieren.

Der Baustein »Die anderen sehen und mit ihnen fühlen« thematisiert, wie wir gut und gerecht handeln lernen.
Für Kinder ist es wichtig, dass sie selbst gut und gerecht behandelt werden. Umgekehrt ist es für sie oft nicht einfach, auch anderen so zu begegnen. Hier können Sie gemeinsam mit Ihrem Kind Alltagserlebnisse besprechen und mögliche Lösungen überlegen.

Das Thema »Hoffen über jede Grenze hinaus« beschäftigt Kinder oft mehr als Eltern glauben. Wenn jemand in der Familie oder im Freundeskreis stirbt, wenn das Ende und der Tod von Menschen, Tieren, Beziehungen, Dingen, die uns wichtig sind, in das Leben hereinbrechen, stellen sich Fragen: »Wie können wir uns gegenseitig trösten und uns in der Traurigkeit helfen?«
Kinder brauchen Hoffnung: »Gibt es ein Leben nach dem Tod?«
Die Raupe weiß nicht, dass sie später ein Schmetterling sein wird.
Wir Menschen wissen nicht, wie wir später über den Tod hinaus bei Gott sein werden.

EINMALIG UND UNVERWECHSELBAR

Bevor ihr eure gemeinsame Zeit startet, beginnt in folgender Weise:

- Zündet eine Kerze an und schaut in das Licht.
- Kommt zur Ruhe, indem ihr ein paar Mal ein- und ausatmet.

Es gibt viele Hundert Millionen Kinder auf der Welt. Mich gibt es nur einziges Mal.
Einmalig und unverwechselbar sind mein Gesicht, meine Haarfarbe, mein Lächeln, meine Augen.
Gott hat mich so und nicht anders erschaffen. Ich bin von ihm, so wie ich bin, richtig geliebt. Er hat mich in seine Hand geschrieben und vergisst mich nicht. Ich gehöre zu Gott, das macht mich stark.

zumirselbst Gott hat mich und alle Menschen erschaffen. Er begleitet mich beim Wachsen und Älterwerden.Bei Gott bin ich wertvoll und einmalig. Mich gibt es nur einmal auf dieser Welt. Gott hat mich, so wie ich bin, ins Leben gestellt. Ich gehöre zu Gott, das macht mich stark.

Bei der Taufe werden eure Augen, euer Mund und eure Ohren gesegnet.

»Gott, Du hast mir meine Sinne geschenkt, damit ich die Welt entdecken und spüren kann.
Wir alle haben Sinne, die verschieden stark sind.
Gott, Du hast mir meine Augen gegeben, damit ich Deine Schöpfung, die Natur und die Menschen sehen kann.
Du gibst mir meine Ohren, damit ich die Stimmen der Menschen, das Zwitschern der Vögel, das Rauschen des Windes, die Klänge der Musik hören kann.
Du schenkst sie mir, damit ich mit offenen Ohren durch die Welt gehe.
Du gibst mir meinen Mund, um mich zu verständigen und andere zu trösten.
Du gibst mir meine Nase, um den Duft der Blumen zu riechen.
Du gibst mir meine Hände, mit denen ich mir und anderen helfen und mit anderen teilen kann.
Du gibst mir meinen Körper mit all seinen Sinnen, um mich orientieren zu können.
Du schenkst mir Fähigkeiten, die für mich und andere besonders sind.
Manche Kinder, so wie ich, können vielleicht nicht so gut sehen oder hören oder sprechen oder riechen oder tasten, aber dafür besonders gut trösten, fröhlich sein und lachen.
Amen.«

Schaut euch gegenseitig an und betrachtet eure Hände.

- Was fällt euch aneinander auf?
- Wie könnt ihr anderen Menschen mit euren Händen begegnen?

»Gott, unser Vater und unsere Mutter,
wie groß ist Dein Name auf der ganzen Erde.
Schon aus dem Mund der Kinder tönt Dein Lob.
Gott hat den Mond und die Sonne geschaffen.
Ich staune und freue mich.
Du lässt mit Regen und Licht das Gras und die Pflanzen wachsen.
Du hast die Tiere erschaffen, die Vögel und Fische,
auch die Berge und Täler zeugen von Deiner Größe.
Uns Menschen hast Du Dir ähnlich gemacht
mit Herz und Vernunft begabt,
hast uns Würde und Wert geschenkt.
Gott, unser Vater und unsere Mutter,
ich staune und lobe Dich und danke Dir.«

(nach Psalm 8 und 104)

Über den QR-Code gelangt ihr zum Wortlaut der Bibelstelle nach der Einheitsübersetzung.

Für meine Freund:innen, Verwandten, Geschwister, Eltern und für Gott bin ich einmalig.

Hol dir einen Spiegel und schau dich aufmerksam an. Betaste dein Gesicht zärtlich mit deinen Händen. Dein Gesicht ist einmalig.

Setze dich mit deiner Mutter oder deinem Vater oder einer anderen Person, die du magst, gegenüber und erzählt euch, was ihr entdeckt:

- Was fällt euch auf?
- Welche Farbe haben die Augen?
- Welche Farbe haben die Haare?
- Könnt ihr Ähnlichkeiten zwischen euch feststellen und Unterschiede?

Mit einem Abdruck deines Daumens kannst du deine Einzigartigkeit und Einmaligkeit sichtbar machen. Nimm dazu ein Stempelkissen oder eine Farbe.

Mein einzigartiger Daumenabdruck

Auf der ganzen Welt gibt es keinen Menschen, der einem anderen hundertprozentig gleichsieht. Sogar bei Zwillingen gibt es kleine Unterschiede.

Nun danket alle Gott (GL 405)

Nun danket alle Gott mit Herzen, Mund und Händen,
der große Dinge tut an uns und allen Enden,
der uns von Mutterleib und Kindesbeinen an
unzählig viel zu gut bis hierher hat getan.

Der ewigreiche Gott woll uns in unserm Leben
ein immer fröhlich Herz und edlen Frieden geben
und uns in seiner Gnad erhalten fort und fort
und uns aus aller Not erlösen hier und dort.

Lob, Ehr und Preis sei Gott, dem Vater und dem Sohne
und Gott dem Heilgen Geist im höchsten Himmelsthrone,
ihm, dem dreieinen Gott, wie es im Anfang war
und ist und bleiben wird, so jetzt und immerdar.

Über den QR-Code gelangt ihr zu einer Version des Liedes, sodass ihr es hören und gleich mitsingen könnt.

Für meine Eltern, Geschwister, Verwandten, Freund:innen bin ich wichtig und wertvoll. Sie lieben mich, obwohl es manchmal auch Streit gibt. Ich bin für sie ein Geschenk Gottes. Gott hat mich ihnen anvertraut; sie begleiten mich im Leben – ich begleite sie.

Wenn ihr aufhört, könnt ihr euch gegenseitig segnen – mit einem Kreuzzeichen auf die Stirn oder indem ihr euch nacheinander die Hand auf den Kopf legt:

»Gott beschütze dich:
Im Namen des Vaters und des Sohnes
und des Heiligen Geistes.«

MITEINANDER LEBEN – TAG FÜR TAG

Bevor ihr eure gemeinsame Zeit startet, beginnt in folgender Weise:

- Zündet eine Kerze an und schaut in das Licht.
- Kommt zur Ruhe, indem ihr ein paar Mal ein- und ausatmet.

zu anderen

WIR

In der Schule sitzt du neben mir,
den Schulweg geh ich gern mit dir.
Am Nachmittag da spielen wir:
Fußball, Verstecken und Klavier.

Wir machen zusammen unglaubliche Sachen,
wir haben Spaß und können viel lachen.

Manchmal gehört Streit aber auch dazu.
Du sagst zu mir »Affe« und ich zu dir »Blöde Kuh«!
Und dann ist mal eine Weile Ruh'.

Wir können fürchterlich streiten
und uns trotzdem gut versteh'n,
weil wir nach einem üblen Streit
nie unversöhnt auseinandergeh'n.

Wir reichen uns dann die Hände
und schauen einander wieder an.
Der Streit hat nun ein Ende,
die Freundschaft ist jetzt wieder dran!

Dann können wir auch wieder lachen,
erzählen und verrückte Dinge machen,
können toben, rennen, spielen und singen
und Sachen tun, die uns Freude bringen.

Ich bin froh, dein Freund zu sein,
denn sonst wäre ich allein!
Ich bin froh, dass du meine Freundin bist,
weil's so das Allerbeste ist!

Unser Zusammenleben gelingt häufig gut, aber manchmal müssen wir uns über die anderen auch schrecklich ärgern.

- Was gefällt euch in eurer Familie besonders gut?
- Was stört euch am meisten?

Nehmt euch, jede:r, einen Zettel und einen Stift und kurz Zeit zum Nachdenken. Dann vergleicht miteinander, was ihr aufgeschrieben habt und sprecht miteinander darüber.

Der QR-Code führt euch direkt zu einer weiteren Spielidee zum Herunterladen und Ausprobieren.

Malt oder klebt hier ein Bild von eurer Familie ein. (Wer gehört alles dazu?)

»Zwei sind allemal besser dran als einer allein.
Wenn zwei zusammenarbeiten, bringen sie es eher zu etwas.
Wenn zwei unterwegs sind und hinfallen, dann helfen sie einander wieder auf die Beine. Aber wer allein geht und hinfällt, ist übel dran, weil niemand ihr oder ihm helfen kann.«

(nach Kohelet 4,9-10)

Jesus sagt: »Wo zwei oder drei in meinem Namen versammelt sind, da bin ich selbst mitten unter ihnen.«

(nach Matthäus 18,20)

Über den QR-Code gelangt ihr zum Wortlaut der Bibelstelle nach der Einheitsübersetzung.

zu Gott und zu Jesus Wir können sicher sein, dass Jesus bei uns ist, wenn wir gemeinsam an ihn denken oder zu ihm beten. Wenn wir uns gegenseitig segnen, drücken wir damit aus: »Jesus, Du bist mitten unter uns.«

Geldud

Hiflsbeiretschfat

Elichkteirh

Teiz

Vreentrua

Schaut euch den Buchstabensalat an. Bringt die Buchstaben in die richtige Reihenfolge!

- Welche Worte findet ihr?
- Welche anderen wichtigen Eigenschaften für eine gute Freundschaft fallen euch noch ein?

- Wie soll ein:e gute:r Freund:in sein?
- Wie fühlt ihr euch nach einem Streit mit euren besten Freund:innen?
- Was ist für eine Freundschaft wichtig?

Der QR-Code führt euch direkt zu einer weiteren Spielidee zum Thema Freundschaft zum Herunterladen und Ausprobieren.

Wir leben mit vielen Menschen zusammen, zum Beispiel in Gemeinschaft mit unseren Eltern, Geschwistern, Freund:innen und Verwandten und Bekannten. Dabei spüren wir, dass wir nicht allein sind, dass wir für sie wichtig sind und dass wir geliebt werden. Gottes Liebe ist nicht weit weg, sondern mitten unter uns. Sie umhüllt uns und gibt uns Kraft, zueinander gut zu sein.

ubi caritas et amor (GL 445)

Latein: *Ubi caritas et amor, ubi caritas Deus ibi est.*
Übersetzung: *Wo Güte und Liebe sind, da ist Gott.*

Über den QR-Code gelangt ihr zu einer Version des Liedes, sodass ihr es hören und gleich mitsingen könnt.

Wenn ihr aufhört, könnt ihr euch gegenseitig segnen – mit einem Kreuzzeichen auf die Stirn oder indem ihr euch nacheinander die Hand auf den Kopf legt:

»Gott beschütze dich:
Im Namen des Vaters und des Sohnes
und des Heiligen Geistes.«

DIE ANDEREN SEHEN UND MIT IHNEN FÜHLEN

Bevor ihr eure gemeinsame Zeit startet, beginnt in folgender Weise:

- Zündet eine Kerze an und schaut in das Licht.
- Kommt zur Ruhe, indem ihr ein paar Mal ein- und ausatmet.

zu anderen

GUT UND GERECHT

Fünfte Stunde in der Schule: Sport – heute wird Fußball gespielt. Paul und Leonie sind die beiden Kapitäne und wählen abwechselnd die anderen Jungs und Mädchen aus der Klasse in ihre Mannschaften. Doch da gibt es zwei, Hannah und Tobi. Die beiden möchten sie nicht in ihrer Mannschaft haben. Sie sind einfach zu langsam und spielen nicht so gut wie die anderen. Schnell sind die Mannschaften komplett. Aber Hannah und Tobi stehen immer noch am Rand und sind traurig. Keiner will sie bei sich haben. Zum Schluss werden sie doch noch gewählt, als allerletzte. Freuen können sie sich darüber nicht. Traurig und schlecht gelaunt trotten die beiden auf das Spielfeld.

- Stell dir vor, dass so etwas in deiner Klasse vorkommt.
- Was könntest du tun, damit am Ende keiner so traurig ist wie Hannah und Tobi?

zu anderen

Leonie kommt nach Hause. Sie ist glücklich, weil ihre Mannschaft beim Fußballspiel 5:1 gewonnen hat. Sie selbst hat zwei Tore geschossen. Sogar Hannah und Tobi haben diesmal den Ball gut getroffen. Aber Leonie kann den Sieg ihrer Mannschaft gar nicht richtig genießen, denn eine große Sorge bedrückt sie. In zwei Wochen fährt die ganze Klasse für drei Tage zu einem Ausflug in die Berge. Das wird bestimmt total lustig. Doch Leonie wird wohl als Einzige nicht mitfahren. Ihre Familie hat leider nicht genügend Geld, um den Ausflug bezahlen zu können. Leonies Mutter hat gerade keine Arbeit und ihr Vater ist sehr krank. Ihre Familie muss deshalb mit viel weniger Geld auskommen als die anderen Familien. Das macht Leonie sehr traurig, weil sie doch so gerne mit ihren Schulfreund:innen gemeinsam wegfahren möchte.

- Kennt ihr noch andere Geschichten oder Situationen, in denen es Ungerechtigkeiten gibt, für welche die Betroffenen eigentlich gar nichts können?
- Was könnte die Klasse tun,
  ... damit Hannah und Tobi nicht immer als Letzte gewählt werden?
  ... damit Leonie mit auf die Klassenfahrt fahren kann?
- Was machst du, wenn du ungerecht behandelt wirst?

Über den QR-Code gelangt ihr zum Wortlaut der Bibelstelle nach der Einheitsübersetzung.

»Was ihr für einen meiner geringsten Brüder oder für eine meiner geringsten Schwestern getan habt, das habt ihr für mich getan.«

(nach Matthäus 25,40)

In unserer Schulklasse sind Kinder, die sich sehr schwertun, Deutsch zu sprechen, weil sie mit ihren Eltern aus anderen Ländern zu uns gekommen sind.
Heute hat Kamal etwas falsch vorgelesen und einige in der Klasse haben ihn ausgelacht.
Ich habe darüber nachgedacht, wie es mir gehen würde, wenn ich in einem fremden Land in die Schule gehen muss, die Sprache noch nicht kenne und voller Heimweh bin.
In der Pause habe ich dann mit meinen Freund:innen gesprochen, wie wir das ändern könnten. Wir wollen versuchen, Kamal zu helfen und ihn zu trösten, wenn es noch nicht so gut klappt. Aber dazu müssten wir uns wohl erst mal besser kennenlernen.

- Wohnen in unserer Nachbarschaft Menschen aus anderen Ländern, die unsere Sprache noch nicht so gut kennen?
- Was sollten wir wissen, um sie besser verstehen zu können?
- Was fällt uns an ihnen auf? Wie leben sie? Wie feiern sie ihre Feste? Was könnten wir mit ihnen gemeinsam machen?

Schreib in die Puzzleteile, was du in der kommenden Zeit dazu beitragen möchtest, um gut und gerecht mit anderen zusammenzuleben.

Gott gab uns Atem, damit wir leben (GL 468)

Gott gab uns Atem, damit wir leben. Er gab uns Augen, dass wir uns sehn.
Gott hat uns diese Erde gegeben, dass wir auf ihr die Zeit bestehn.
Gott hat uns diese Erde gegeben, dass wir auf ihr die Zeit bestehn.

Gott gab uns Ohren, damit wir hören. Er gab uns Worte, dass wir verstehn.
Gott will nicht diese Erde zerstören. Er schuf sie gut, er schuf sie schön.
Gott will nicht diese Erde zerstören. Er schuf sie gut, er schuf sie schön.

Gott gab uns Hände, damit wir handeln. Er gab uns Füße, dass wir fest stehn.
Gott will mit uns die Erde verwandeln. Wir können neu ins Leben gehn.
Gott will mit uns die Erde verwandeln. Wir können neu ins Leben gehn.

Über den QR-Code gelangt ihr zu einer Version des Liedes, sodass ihr es hören und gleich mitsingen könnt.

Oft machen wir uns gegenseitig traurig. Es geht bei uns nicht immer gerecht zu. Wir können aber manches selbst verändern. Jesus hat mit seinem Gebot der Nächstenliebe deutlich alle ungerechten Zustände kritisiert. Er will, dass wir anderen gegenüber ebenso handeln, wie sie sich uns gegenüber verhalten sollen.

Wenn ihr aufhört, könnt ihr euch gegenseitig segnen – mit einem Kreuzzeichen auf die Stirn oder indem ihr euch nacheinander die Hand auf den Kopf legt:

»Gott beschütze dich:
Im Namen des Vaters und des Sohnes
und des Heiligen Geistes.«

HOFFEN ÜBER JEDE GRENZE HINAUS

Bevor ihr eure gemeinsame Zeit startet, beginnt in folgender Weise:

- Zündet eine Kerze an und schaut in das Licht.
- Kommt zur Ruhe, indem ihr ein paar Mal ein- und ausatmet.

zur Zeit

KAIS OPA

Paula kommt ganz aufgelöst von der Nachmittagsschule nach Hause. Wortlos geht sie an ihrer Mutter vorbei in ihr Zimmer. Was hat sie nur? Sie wollte doch gleich nach der Schule noch spielen gehen. Nach einer Weile schaut ihre Mutter nach ihr. Paula sitzt auf dem Fußboden, sie hat einen Stift und ein Blatt Papier vor sich, auf dem steht nur: »Lieber Gott, bitte kümmere dich jetzt gut…«

»Was ist denn passiert?«, fragt die Mutter ganz behutsam. Da bricht es aus Paula heraus: »Das ist so gemein. Kais Opa ist gestern Nacht gestorben, einfach so. Gestern hat er Kai und mir auf dem Heimweg noch fröhlich zugewunken, als er mit dem Fahrrad an uns vorbeigefahren ist. Am Wochenende wollte er uns wieder helfen, an unserem Baumhaus weiterzubauen. Der war immer fröhlich und total nett zu allen Leuten. Und jetzt ist er tot. Heute Morgen haben sie ihn abgeholt.
Kai ist trotzdem zur Schule gegangen. Seine Eltern müssen sich jetzt um viele Dinge kümmern. Er saß die ganze Zeit stumm und bleich neben mir. Erst in der Mittagspause hat er mir erzählt, was passiert ist. Er tut mir so leid.«

Die Mutter nimmt Paula fest in den Arm und tröstet sie: »Das ist wirklich sehr traurig, Paula.« –
Und dann weinen beide ein bisschen, und nach einer Weile überlegen sie gemeinsam, wie sie Kai und seine Familie unterstützen können.

- Habt ihr schon einmal erlebt, dass jemand gestorben ist, den ihr gekannt und gemocht habt?
- Wie habt ihr euch gefühlt?
- Wer oder was hat euch in der Traurigkeit geholfen?

zu Gott und zu Jesus WAS IST MIT DEN MENSCHEN, DIE SCHON GESTORBEN SIND?

Oft können wir uns nur das vorstellen, was wir sehen. Es fällt uns schwer, uns für das zu öffnen, was wir nicht sehen, anfassen oder riechen können. Trotzdem können wir als Christ:innen darauf vertrauen, dass wir auch im Sterben und nach dem Tod mit Gott verbunden bleiben. Der Tod ist nicht das Letzte. Es geht mit uns Menschen weiter, auch wenn unser Körper dann nicht mehr funktioniert und weiterleben kann.

Wir können Gott vertrauen, dass er uns nie vergisst. Gott hat uns zugesagt, dass er uns nach unserem Tod ewiges Leben in seiner Nähe schenkt.

Aber trotzdem tut der Verlust von lieben Menschen weh.

Wir denken weiterhin an sie, und sie begleiten uns in unseren Gedanken. Mit dem Verlust zu leben, müssen wir mühsam erlernen. Es geht am besten, wenn wir die Verstorbenen ganz nahe bei uns behalten und sie nicht vergessen.

- Besucht zusammen einen Friedhof. Wenn ihr dort ein Grab von Verwandten, Bekannten oder Freund:innen habt, könnt ihr eine Kerze anzünden, Blumen oder Weihwasser mitbringen und gemeinsam am Grab beten.
- Vielleicht habt ihr Bilder von Verstorbenen, die ihr gemeinsam anschauen und dabei eine Kerze zu Hause anzünden könnt.

Jesus sagt:

»Das Weizenkorn muss in die Erde fallen und sterben, sonst bleibt es allein. Wenn es aber stirbt, bringt es viel Frucht hervor.«

(nach Johannes 12,24)

Über den QR-Code gelangt ihr zum Wortlaut der Bibelstelle nach der Einheitsübersetzung.

Ihr könnt ein Weizenkorn in einen Blumentopf einpflanzen.

Wie das geht, findet ihr in einer Anleitung direkt über den QR-Code.

IM TOD WERDEN WIR VERWANDELT – VON DER RAUPE ZUM SCHMETTERLING

Es war einmal ein Mensch, der hatte Mitleid mit den Raupen. »Sie sehen doch hässlich aus«, sagte er. »Die Raupen plagen sich vorwärts, nur um etwas zum Fressen zu bekommen. Die Raupen sehen gar nicht, was um sie herum passiert. Sie achten nicht auf die Sonne, den Regenbogen, die Wolken, die Vögel und Tiere. Wenn diese Raupen ahnen würden, was mit ihnen passieren wird! Wie schön sie einmal später als Schmetterlinge sein werden! Sie würden viel froher und zuversichtlicher leben, sie hätten viel mehr Hoffnung.«

Der Mensch versuchte den Raupen zu sagen: »Das Leben besteht nicht nur aus Fressen. Der Tod ist nicht das Letzte, ihr werdet leben. Ihr werdet frei sein und fliegen können! Ihr werdet Blüten finden und sehr schön sein.« Aber die Raupen konnten dies nicht verstehen, sie dachten nur an das sinnlose Fressen. Als er wieder anfing und sagte »euer Puppensarg ist nicht das Ende, ihr werdet euch verwandeln, über Nacht werden euch Flügel wachsen, ihr werdet leuchtende Farben bekommen!«, da sagten die Raupen: »Hau ab! Du spinnst! Du hältst uns nur vom Fressen ab!« Und sie rotteten sich zusammen und fraßen weiter.

Jesus lebt, mit ihm auch ich (GL 336)

Jesus lebt, mit ihm auch ich! Tod, wo sind nun deine Schrecken?
Er, er lebt, und wird auch mich von den Toten auferwecken.
Er verklärt mich in sein Licht; dies ist meine Zuversicht.

Jesus lebt! Ihm ist das Reich über alle Welt gegeben;
mit ihm werd auch ich zugleich ewig herrschen, ewig leben.
Gott erfüllt, was er verspricht; dies ist meine Zuversicht.

Jesus lebt! Ich bin gewiss, nichts soll mich von Jesus scheiden,
keine Macht der Finsternis, keine Herrlichkeit, kein Leiden.
Seine Treue wanket nicht; dies ist meine Zuversicht.

Jesus lebt! Nun ist der Tod mir der Eingang in das Leben.
Welchen Trost in Todesnot wird er meiner Seele geben,
wenn sie gläubig zu ihm spricht: »Herr, Herr, meine Zuversicht!«

Über den QR-Code gelangt ihr zu einer Version des Liedes, sodass ihr es hören und gleich mitsingen könnt.

Wir vertrauen darauf, dass mit dem Tod nicht alles aus ist. Der Tod ist wie ein Tor zu neuem Leben. Weil Gott Jesus aus dem Tod auferweckt hat, glauben wir, dass Gott auch uns auferwecken wird. Was auch geschieht – im Leben, im Sterben und im Tod – immer sind wir umhüllt von der Liebeskraft Gottes. Sie führt uns ins helle Licht der Auferstehung aus dem Tod.

Das Bild »Gottesbeziehung« des Benediktinermönchs Thomas Hessler macht deutlich, wie hell uns die Liebeskraft Gottes auch über den Tod hinaus umgibt. Ihr könnt gemeinsam zum Bild meditieren. Oder es herunterladen, ausdrucken und aufhängen oder als kleines Einlegebild für die Bibel oder euer Gotteslob immer bei euch tragen.

Hier könnt ihr das Bild »Gottesbeziehung« von Thomas Hessler herunterladen.

»Wir sind im Auf und Ab des Lebens
auch von Dunkelheit bedroht.
Manchmal scheint das Leben wie ein Strudel nach unten zu sein.
Es ist ein Hineingeworfensein in die Unsicherheit der Welt.
Immer aber sind wir umhüllt und geborgen von der Liebeskraft Gottes.
Er lässt uns nie allein.
Auf ihn können wir uns verlassen.
Gott hält mit uns durch, auch wenn es dunkel wird.
Unser Leben ist wie eine Spirale ins Licht –
jetzt und über den Tod hinaus.«

Wenn ihr aufhört, könnt ihr euch gegenseitig segnen – mit einem Kreuzzeichen auf die Stirn oder indem ihr euch nacheinander die Hand auf den Kopf legt:

»Gott beschütze dich:
Im Namen des Vaters und des Sohnes
und des Heiligen Geistes.«

Unterwegs

8.50 Uhr. Der Bus steht schon da. Gleich soll es losgehen. Paula ist eine der Ersten auf dem Kirchplatz. Ihre Mutter musste wie jeden Morgen schon früh zur Arbeit, ihr kleiner Bruder war schon im Kinderhort. Und Papa? Papa ist in diesem Jahr zum ersten Mal mit seiner neuen Familie in den Urlaub gefahren. So ein Mist. Wo bleibt nur Anna? Anna ist Paulas beste Freundin. Sie hatten sich zusammen zur Kinderfreizeit der Kirchengemeinde angemeldet, aber jetzt kommt sie nicht. Da hinten steht Matteo mit seiner ganzen Familie. Matteos Eltern kommen aus Italien, er hat drei ältere Geschwister. Bei denen ist immer was los. Die ganze Familie ist mitgekommen, und alle haben ihn zum Abschied geküsst und umarmt. Jetzt legt seine Mutter ihm die Hand auf die Stirn und spricht etwas, wahrscheinlich ein Segensgebet. Matteo war mit Paula in der Kommuniongruppe und singt jetzt auch im Kinderchor. Da macht er viel Quatsch. Aber in der Kirche nimmt er alles sehr ernst. Wo bleibt nur Anna? Nachher kriegen wir keinen Platz mehr nebeneinander! Immer mehr Kinder steigen ein. Wer klopft denn da an der Fensterscheibe und winkt mit einem Handy? Ach, das ist Sven. Svens Mutter hat immer die feinsten Kleider an. Sein Papa verdient ganz viel Geld. Aber er hat leider nie Zeit für Sven. Dafür hat Sven immer die neuesten Sachen. Sven ist klug, aber die meisten mögen ihn nicht, weil er immer so cool tut. Sein einziger Freund ist Matteo, bestimmt hält Sven ihm im Bus einen Platz frei. Paula ist ärgerlich. Na endlich, da kommt das Auto von Annas Eltern. Ihr Vater steigt aus, er sieht ganz betrübt aus. Er geht zuerst zum Freizeitleiter und kommt dann auf Paula zu. Anna kann nicht mitkommen – sie hat sich gestern Abend den Arm gebrochen und musste im Krankenhaus operiert werden. Paula würde am liebsten losheulen und nach Hause gehen. Sie hat sich so auf Anna gefreut. Jetzt kennt sie ja fast niemanden mehr von der Reisegruppe. Nur Sven und Matteo sind aus ihrer Klasse. Aber das sind ja Jungs. Kathrin kommt auf sie zu. Kathrin ist schon 17 und Oberministrantin. Sie begleitet die Kindergruppenstunden auf dem Kommunionweg und ist echt nett. Kathrin bittet Paula, einzusteigen – der Bus fährt gleich ab. Und neben wem soll sie jetzt sitzen? Widerwillig steigt Paula in den Bus ein. Dahinten ist noch ein Platz neben einem Mädchen frei. Aber das ist ja Gülçin. Gülçin aus ihrer Parallelklasse. Paula ist total überrascht. Was macht denn Gülçin auf einer kirchlichen Ferienfreizeit? Die ist doch Türkin und geht nicht mal in den Religionsunterricht.

PAULA: »Hallo.«
GÜLÇIN: »Hallo.«
PAULA: »Ist hier noch frei?«
GÜLÇIN: »Ja klar. Du bist doch die Paula aus der Parallelklasse? Ich heiße Gülçin. Da bin ich aber froh, dass ich hier noch jemanden kenne.«

PAULA: »Ich bin auch froh. Ich wusste gar nicht, dass du auch mitfährst.«

GÜLÇIN: »Mein Papa hat mich vor zwei Tagen erst hier angemeldet. Er musste ganz dringend auf eine wichtige Geschäftsreise nach Amerika. Meine Mutter liegt im Krankenhaus, und meine Verwandten sind schon in die Türkei gefahren.«

PAULA: »Du bist aber mutig.«

GÜLÇIN: »Magst du was Süßes? Ich habe selbstgemachtes Halwa dabei.«

PAULA: »Danke – das schmeckt ja prima! Möchtest du ein Wurstbrot?«

GÜLÇIN: »Vielen Dank, lieber nicht. Wir Muslime essen doch kein Schweinefleisch.«

PAULA: »Ach so, entschuldige, das habe ich ganz vergessen. Warum eigentlich nicht?«

GÜLÇIN: »Allah (Gott) will das nicht. Schweinefleisch ist unrein. So steht es im Koran geschrieben. Der Koran ist für uns Muslime das Wort Gottes. Der Erzengel Gabriel hat ihn dem Gesandten Muhammad überbracht. Im ersten Teil eurer Bibel steht doch auch, dass die Menschen kein Schweinefleisch essen sollen. Die Juden halten sich ja auch daran – da gibt es ja noch viel mehr Reinheitsgebote.«

PAULA: »Das habe ich auch schon mal gehört – aber wir Christen verstehen die Bibel nicht Wort für Wort als Gebote von Gott für uns heute. Für uns ist der Glaube an Jesus Christus am wichtigsten. Jesus hat einmal gesagt: Nichts, was von außen in den Menschen hineinkommt, kann ihn unrein machen, sondern was aus dem Menschen herauskommt, macht ihn unrein. Damit meinte er wohl böse Gedanken und gemeine Taten. Magst du einen Schokoriegel?«

GÜLÇIN: »Gerne. Danke, echt nett von dir.«

PAULA: »Ich finde dich auch echt nett. Hoffentlich gibt es auf der Freizeit kein Schweinefleisch zu essen.«

MIT JESUS GOTTES SPUREN SUCHEN

Liebe Eltern und Beziehungspersonen,

wir leben von Beziehungen. Es ist schön, mit Freund:innen zusammen zu sein oder ihnen einfach von uns erzählen zu können. Sie geben uns Halt, machen uns glücklich und schenken uns Gemeinschaft. Damit Beziehungen halten und wachsen, muss man sie pflegen. Es braucht regelmäßige Kontakte und Berührungspunkte.

So ist es auch in der Beziehung zu Gott. Sie hilft uns, Halt im Leben zu finden und immer wieder einen neuen Horizont und eine neue Hoffnung zu entdecken. Mit Gott sind wir eigentlich schon immer in Beziehung, da wir als Christ:innen glauben, dass er uns das Leben geschenkt hat. Daher können wir diese Verbindung immer wieder neu beleben. Als Christ:innen orientieren wir uns dabei an Jesus Christus, der uns gezeigt hat, wie Gott ist und wie wir mit ihm in Beziehung bleiben.

In den nächsten vier Bausteinen möchten wir Ihnen vier Verbindungslinien zu Gott aufzeigen, die helfen sollen, mit Gott und Jesus Christus in Berührung zu kommen.

In einem ersten Schritt geht es um unterschiedliche Wege zu Gott. Dabei führen uns verschiedene Spuren auch zu anderen Religionen, die ebenso nach Gott und der Beziehung zu ihm suchen.

In einem weiteren Schritt kommen wir mit Jesus Christus in Beziehung: Wer war er eigentlich? Wie hat er gelebt? Wie können wir heute noch mit ihm in Beziehung kommen und die Beziehung zu ihm bewusst gestalten?

Diese Fragen wollen wir gemeinsam klären.

Anschließend begeben wir uns in den BeReich Gottes und schauen darauf, was dafür typisch ist. Der BeReich Gottes ist eine gute Idee für unsere Welt, die uns Mut machen und stärken kann.

Schließlich zeigt uns in einem letzten Schritt Jesus, wie wir beten können. Das Gebet ist ein guter Weg, mit Gott und mit Jesus in Beziehung zu kommen. Wir wollen das Beten kennenlernen und einüben.

Wir wünschen Ihnen eine gute und spannende Spurensuche, um mit Gott in Berührung zu kommen.

UNTERSCHIEDLICHE WEGE ZU GOTT

Bevor ihr eure gemeinsame Zeit startet, beginnt in folgender Weise:

- Zündet eine Kerze an und schaut in das Licht.
- Kommt zur Ruhe, indem ihr ein paar Mal ein- und ausatmet.

- Stellt Fragen, deren Antwort ihr nicht auf Wikipedia finden könnt.
- Startet mit: Wieso … warum … woher … wohin?
- Schaut aus dem Fenster oder spaziert um den Block. Beobachtet genau.

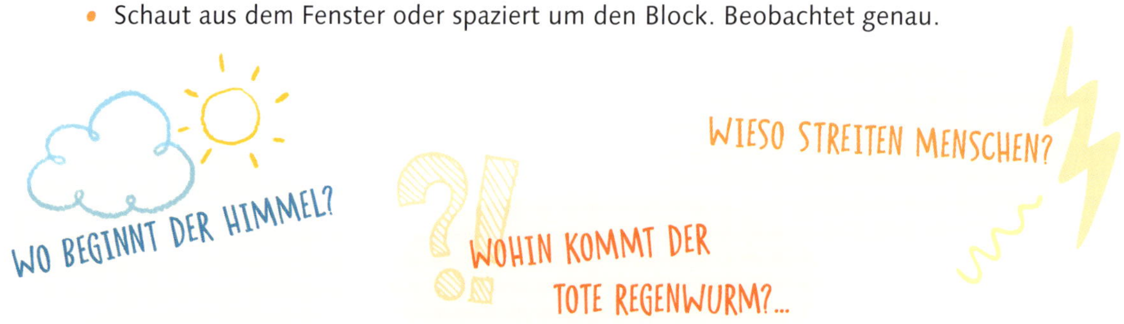

zu Gott und zu Jesus Menschen haben schon immer Fragen gestellt. Dabei haben sie geahnt: Die Welt ist nicht zufällig entstanden. So haben Menschen ihre Antworten in Gott gefunden. Zwar weiß kein Mensch ganz sicher, wie Gott sich anhört oder aussieht oder sich anfühlt. Dennoch haben Menschen erfahren, dass Gott sie begleitet und ihnen Kraft zum Leben schenkt. Davon haben sie ihren Kindern erzählt und diese wieder ihren Kindern und diese wieder … bis heute.

Manche wichtigen Aussagen über den Glauben an Gott wurden später aufgeschrieben, wie zum Beispiel unser Glaubensbekenntnis.

Menschen haben unterschiedliche Wege zu Gott gefunden. So sind verschiedene Religionen gewachsen. Sie erzählen auf ihre Weise von Gott.

- Überlegt, wer euch zuerst von Gott erzählt hat.
- Wo sind euch schon mal Menschen anderer Religionen begegnet?
- Kennt ihr muslimische oder jüdische oder andere Gläubige? Was haben sie euch von ihrem Glauben erzählt?

zu anderen WARUM GIBT ES VERSCHIEDENE RELIGIONEN?

Christ:innen haben ihren Namen von Jesus Christus. Sie glauben, dass Jesus ein Weg zu Gott ist. Jesus hat gezeigt, wie nah Gott bei uns ist. Gottes Liebe ist stärker als der Tod. Einerseits verehren nur Christ:innen Jesus als Sohn Gottes. Andererseits hat Jesus selbst in der jüdischen Religion Gott kennengelernt. Die Eltern von Jesus waren jüdischen Glaubens. Von Jesus wird auch im heiligen Buch der Muslime, dem Koran, erzählt. Muslim:innen glauben, dass Jesus in einer besonderen Nähe zu Gott lebte.

Es gibt also bei allen Unterschieden viele Gemeinsamkeiten und Verbindungen zwischen Religionen. Gott ist größer als alle Religionen. Deshalb kann jede Religion nur einen Teil erfassen. Deshalb braucht es das Gespräch mit anderen Gläubigen.

Deswegen sucht die katholische Kirche den Austausch mit anderen Religionen. Die Kirche hat so dazugelernt: Auch in anderen Religionen finden sich Teile der Wahrheit, die allen Menschen gegeben ist. Wichtig ist, dass im Namen der Religion keinem Menschen wehgetan wird.
Es ist eine christliche Herausforderung, mit allen Menschen friedlich zu leben.

Das christliche Glaubensbekenntnis findet ihr in der Geschichte von Paula auf Entdeckungstour auf Seite 121 oder direkt über den QR-Code zum Herunterladen und Ausdrucken.

»Wer nicht liebt, kennt Gott nicht. Denn Gott ist Liebe.«

(1. Johannesbrief 4,8)

Über den QR-Code gelangt ihr zum Wortlaut der Bibelstelle nach der Einheitsübersetzung.

Vielleicht seid ihr mit einer muslimischen, einer jüdischen oder andersgläubigen Familie befreundet. Erzählt euch gegenseitig, was euch in eurem Glauben wichtig ist.

Herr, du bist mein Leben (GL 456)

Herr, du bist mein Leben, Herr, du bist mein Weg.
Du bist meine Wahrheit, die mich leben lässt.
Du rufst mich beim Namen, sprichst zu mir dein Wort.
Und ich gehe deinen Weg, du Herr gibst mir den Sinn.
Mit dir hab ich keine Angst, gibst du mir die Hand.
Und so bitt ich, bleib doch bei mir

Jesus, unser Bruder, du bist unser Herr.
Ewig wie der Vater, doch auch Mensch wie wir.
Dein Weg führte durch den Tod in ein neues Leben.
Mit dem Vater und den Deinen bleibst du nun vereint.
Einmal kommst du wieder, das sagt uns dein Wort,
um uns allen Dein Reich zu geben.

Du bist meine Freiheit, du bist meine Kraft.
Du schenkst mir den Frieden, du schenkst mir den Mut.
Nichts in diesem Leben trennt mich mehr von dir,
weil ich weiß, dass deine Hand mich immer führen wird.
Du nimmst alle Schuld von mir und verwirfst mich nie,
lässt mich immer ganz neu beginnen.

Vater unsres Lebens, wir vertrauen dir.
Jesus, unser Retter, an dich glauben wir,
und du, Geist der Liebe, atme du in uns.
Schenke du die Einheit, die wir suchen auf der Welt.
Und auf deinen Wegen führe uns ans Ziel.
Mache uns zu Boten deiner Liebe.

Über den QR-Code gelangt ihr zu einer Version des Liedes, sodass ihr es hören und gleich mitsingen könnt.

Die verschiedenen Religionen sind unterschiedliche Wege, Gott kennenzulernen. Besonders die jüdische, islamische und christliche Religion haben neben vielen Unterschieden auch viele Gemeinsamkeiten. Alle Religionen glauben, dass Gott erfahrbar wird, wo Menschen friedlich und liebevoll miteinander umgehen. Jesus Christus ist für Christ:innen der Weg zu Gott.

Wenn ihr aufhört, könnt ihr euch gegenseitig segnen – mit einem Kreuzzeichen auf die Stirn oder indem ihr euch nacheinander die Hand auf den Kopf legt:

»Gott beschütze dich:
Im Namen des Vaters und des Sohnes
und des Heiligen Geistes.«

MIT JESUS IN BEZIEHUNG

Bevor ihr eure gemeinsame Zeit startet, beginnt in folgender Weise:

- Zündet eine Kerze an und schaut in das Licht.
- Kommt zur Ruhe, indem ihr ein paar Mal ein- und ausatmet.

zu anderen Manchmal begegnet uns jemand und wir merken sofort: »Die sieht und spürt mich. – Der meint es gut mit mir.« Das tut gut. Überlegt mal, ob ihr das in der letzten Woche erlebt habt in der Schule, beim Einkaufen, auf der Straße?

Jesus Christ you are my life (GL 362)

Kehrvers

Jesus Christ, you are my life, alleluia, alleluia,
Jesus Christ, you are my life, you are my life, alleluia.

Übersetzung

Jesus Christus, du bist mein Leben, Halleluja, Halleluja,
Jesus Christus, du bist mein Leben, du bist mein Leben. Halleluja.

Über den QR-Code gelangt ihr zu einer Version des Liedes, sodass ihr es hören und gleich mitsingen könnt. Es hat weitere Strophen in vielen verschiedenen Sprachen. Viel Spaß!

Schaut euch das Bild genau an. Beschreibt es einander, besonders denen, die nicht so gut sehen können.

- Was könnt ihr auf dem Bild sehen?
- Welche Personen seht ihr auf dem Bild?
- Wie ist ihr Gesichtsausdruck?

Emil Nolde, Christus und die Kinder, 1910, Öl auf Leinwand

Jesus und die Kinder

»Einige Leute brachten Kinder zu Jesus. Sie wollten, dass er ihnen die Hände auflegte und sie segnete. Aber die Jünger wiesen sie schroff zurück. Als Jesus das merkte, wurde er zornig und sagte zu ihnen: ›Lasst doch die Kinder zu mir kommen, hindert sie nicht daran! Denn für Menschen wie sie ist das Reich Gottes da. Amen, das sage ich euch: Wer sich das Reich Gottes nicht wie ein Kind schenken lässt, wird nie hineinkommen.‹ Dann nahm er die Kinder in die Arme, legte ihnen die Hände auf und segnete sie.«

(nach Markus 10,13-16)

Über den QR-Code gelangt ihr zum Wortlaut der Bibelstelle nach der Einheitsübersetzung.

zu Gott und zu Jesus Jesus ist oft unter Leuten. Diese Treffen mit Jesus tun den Menschen gut. Es wird erzählt, dass sie sich danach froh und leichter fühlten. So wie bei den Kindern auf dem Bild. Sie strahlen in leuchtend hellen Farben, weil Jesus sie angeschaut hat. In der Begegnung mit Jesus leuchten die Kinder und die Eltern auf. Sie spüren: Für Jesus sind alle Menschen gleich wichtig. Egal, wie schlau sie sind oder wie sie aussehen.

Die Bibel erzählt von vielen anderen Menschen, die Jesus begegnet sind, zum Beispiel von …

BARTIMÄUS: *»Mein Name ist Bartimäus. Weil ich blind geboren bin, war ich ein Außenseiter. Doch Jesus hat mein Rufen gehört. Seither kann ich die Welt mit neuen Augen sehen. Ich gehöre wieder zur Gemeinschaft dazu. Das tut so gut.«*

MARIA VON MAGDALA: *»Mein Name ist Maria. Als Frau durfte ich in meiner Zeit wenig selbst entscheiden. Das ist ungerecht. Doch Jesus hat mich ernst genommen. Ich war mit ihm unterwegs.«*

Und jetzt ihr: Was gefällt euch an Jesus besonders gut?

Jesus hat die Kinder gesegnet. Er hat ihnen damit gezeigt: Gott sieht euch. Gott bleibt bei euch. So wie Jesus die Kinder gesegnet hat, so könnt auch ihr euch in der Familie segnen. Einen weiteren Vorschlag dazu gibt es im Buch im Baustein 9 auf Seite 70.

- Jesus war ein Mensch wie du und ich. Wie hat wohl Jesus gelebt? Welche Fragen stellt ihr euch?
  - Hatte Jesus auch mal Streit mit seinen Eltern? (Matthäus 12,46ff)
  - Hat Jesus auch mal »auf den Tisch gehauen«? (Matthäus 21,12-17)
  - Hatte Jesus auch mal Angst? (Lukas 22,39-46)
  - Wo ist Jesus jetzt? (Matthäus 28,20)

Die Antworten auf die Fragen findet ihr über den QR-Code direkt zum Nachlesen, Herunterladen und Ausdrucken.

- Welche Fragen interessieren euch noch? Schreibt sie auf!
- Vielleicht könnt ihr manche Frage in eurer Kinder- oder Elterngruppe besprechen.

Fragen

Jesus Christus war ein besonderer Mensch, der für alle Menschen da war. Von ihm wissen wir, wie groß die Liebe Gottes ist. Wir glauben, dass Gottes Liebe ihn auferweckt hat aus dem Tod. Deshalb verehren wir Jesus als Sohn Gottes.

Wenn ihr aufhört, könnt ihr euch gegenseitig segnen – mit einem Kreuzzeichen auf die Stirn oder indem ihr euch nacheinander die Hand auf den Kopf legt:

»Gott beschütze dich:
Im Namen des Vaters und des Sohnes
und des Heiligen Geistes.«

GOTTES GUTE IDEE FÜR UNSERE WELT

Bevor ihr eure gemeinsame Zeit startet, beginnt in folgender Weise:

- Zündet eine Kerze an und schaut in das Licht.
- Kommt zur Ruhe, indem ihr ein paar Mal ein- und ausatmet.

zur Welt In der Schule, über eure Eltern oder über ältere Geschwister und Freund:innen bekommt ihr mit, was alles in der Welt passiert. Vielleicht schaut ihr auch gemeinsam Nachrichten. Wenn wir von Krieg und Ungerechtigkeit hören, fragst du dich vielleicht: »Wo ist Gott?«

Die Menschen vor Jesus und zur Zeit Jesu haben auch viel Krieg und Ungerechtigkeit erlebt. Sie haben sich gefragt, wie lange sie noch warten müssen, bis sich endlich die Welt verändert.

Deshalb haben sie sich auch so gefreut über die Botschaft Gottes und von Jesus: Gott wohnt schon in der Welt. Für diese Welt gibt es Hoffnung. Die Welt kann sich verändern, denn Gott hat jedem Menschen die Kraft zur Veränderung geschenkt.

Damit die Menschen sich an Gottes Botschaft erinnern, wurde sie aufgeschrieben. Ihr findet sie in der Bibel. Für viele Menschen ist die Bibel bis heute das wichtigste Buch, denn die Worte der Menschen in der Bibel und die Botschaft Jesu geben Kraft und Hoffnung in allen Lebenslagen.

Sucht zu Hause nach einer Bibel oder einer Kinderbibel. Vielleicht besitzt ihr auch eine Bibel in einer anderen Sprache? Vielleicht haben Oma oder Opa noch eine alte Bibel?

- Was ist besonders an diesem Buch?
- Welche Bibelstelle kennt ihr?
- Überlegt, was euch trotz aller schrecklichen Erlebnisse auf der Welt auf das Gute hoffen lässt. Erzählt euch von euren Hoffnungsmomenten.

Gestaltet einen schönen Umschlag für die Bibel.

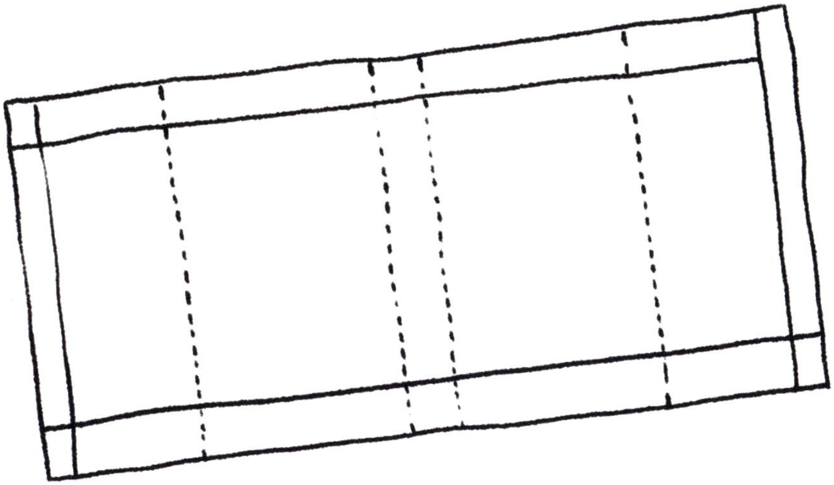

Wie das gehen kann, zeigt dir die Anleitung zum Herunterladen direkt über den QR-Code.

Das Gleichnis vom Senfkorn

»Dann fragte Jesus: ›Womit sollen wir das Reich Gottes vergleichen? Mit welchem Gleichnis können wir es beschreiben? Es ist wie bei einem Senfkorn. Wenn es in die Erde gesät wird, ist es das kleinste aller Samenkörner, die ausgesät werden. Aber wenn es ausgesät ist, geht es auf und wird größer als alle Sträucher. Es bringt so große Zweige hervor, dass die Vögel in seinem Schatten ihr Nest bauen können.‹«

(nach Markus 4,30-32)

Über den QR-Code gelangt ihr zum Wortlaut der Bibelstelle nach der Einheitsübersetzung.

zur Welt Manchmal fällt es echt schwer, Gottes gute Idee für unsere Welt zu sehen. Deshalb macht Jesus den Menschen Mut: Gottes gute Idee wächst oft langsam. Doch in der kleinsten Idee steckt viel Kraft.

Eines Tages fragten seine Freund:innen Jesus: »Woher wissen wir, dass Gottes gute Idee schon in der Welt ist? Wo ist Gottes Wirklichkeit schon da?«
Da nahm Jesus ein kleines Körnchen in die Hand und zeigte es ihnen.

Dann sagte er: »Das Reich Gottes ist so wie dieses Senfkorn. Wenn es auf die Erde fällt, ist es das kleinste von allen Körnern. Aber wenn es ausgesät ist, bricht es auf und wächst. Es wächst und wächst. Es lässt sich nicht aufhalten. Es wird ein großer Strauch. Die Vögel bauen in seinen Zweigen ein Nest und finden ein Zuhause.«

Wir sind Freund:innen von Jesus.
Seine wichtigste Botschaft ist, dass wir zum Be-Reich Gottes gehören.
Denn das Reich Gottes ist ein Be-Reich Gottes und ein Beziehungs-Reich.
Wenn Jesus vom Reich Gottes spricht, dann meint er Gottes gute Idee für uns und unsere Welt.
Als Freund:innen von Jesus gehören wir zum Be-Reich Gottes. Das gibt uns Hoffnung und Kraft.

Behutsam leise nimmst du fort (GL 82)

Kehrvers:
Behutsam leise nimmst du fort die Dämmrung von der Erde,
sprichst jeden Morgen neu dein Wort: Es werde, es werde.

Es werde Licht an diesem Morgen, in dem das Alte neu erstrahlt,
erscheinen wird, was noch verborgen, in Farben bunt das Leben malt.
Es werde Licht für die Menschen in jedem Land.
Halt über uns deine segnende Hand. Kehrvers

Es werde Kraft an diesem Tage und Mut zum Wirken in der Welt
und Sinn in jeder neuen Frage, die heute uns zur Rede stellt.
Es werde Kraft für die Menschen in jedem Land.
Halt über uns deine segnende Hand. Kehrvers

Es werde Trost in langen Stunden für alle, die gefesselt sind,
an Krankheit, Angst und Not gebunden, für Mann und Frau, für Greis und Kind.
Es werde Trost für die Menschen in jedem Land.
Halt über uns deine segnende Hand. Kehrvers

Über den QR-Code gelangt ihr zu einer Version des Liedes, sodass ihr es hören und gleich mitsingen könnt.

Wenn ihr aufhört, könnt ihr euch gegenseitig segnen – mit einem Kreuzzeichen auf die Stirn oder indem ihr euch nacheinander die Hand auf den Kopf legt:

»Gott beschütze dich:
Im Namen des Vaters und des Sohnes
und des Heiligen Geistes.«

MIT JESUS BETEN

Bevor ihr eure gemeinsame Zeit startet, beginnt in folgender Weise:

- Zündet eine Kerze an und schaut in das Licht.
- Kommt zur Ruhe, indem ihr ein paar Mal ein- und ausatmet.

Was braucht es für eine gute Freundschaft? Um eine gute Freundschaft zu leben, braucht es Zeit füreinander. Guten Freund:innen kann ich alles erzählen. Sie hören mir zu.

- Erzählt, was euch für eine gute Freundschaft wichtig ist.
- Überlegt mal, wie wir eine Freundschaft zu Gott leben können.

Jesus hat seine Freundschaft zu Gott intensiv erlebt. Er hat sich viel Zeit für Gott genommen.

Manchmal hat er sich dafür sogar zurückgezogen. Denn wenn es ruhig ist, fällt es leichter, auf sich und auf Gott zu hören. Dann hat Jesus Gott erzählt, was ihm Angst macht oder wofür er danken will. Das tun Menschen bis heute und nennen es beten. Beten verändert uns. Durch das Beten spüren wir besser, was uns auf dem Herzen liegt. Oft fühlt sich ein Schmerz leichter an, nachdem wir ihn Gott erzählt haben. Beten kann uns helfen, so wie Jesus zu handeln.

zu Gott und zu Jesus Manchmal fehlen uns Worte fürs Beten. Jesus hat uns ein Gebet geschenkt, das es so ähnlich schon in seiner Religion, dem Judentum, gegeben hat. Es ist das Vaterunser. So können wir beten, wie Jesus damals zu Gott gebetet hat. Dieses alte und wichtige Gebet verbindet uns mit Menschen weltweit. Vielleicht kennt ihr auch Menschen, die es in einer anderen Sprache sprechen können?

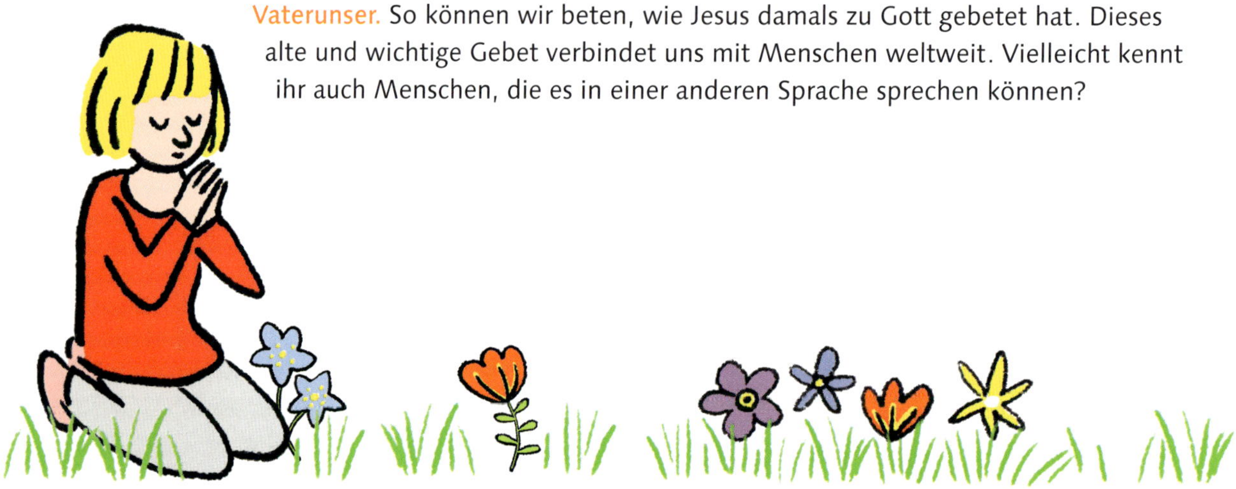

»Vater unser im Himmel,
geheiligt werde Dein Name.
Dein Reich komme, Dein Wille geschehe wie im Himmel so auf Erden.
Unser tägliches Brot gib uns heute.
Und vergib uns unsere Schuld, wie auch wir vergeben unseren Schuldigern.
Und führe uns nicht in Versuchung, sondern erlöse uns von dem Bösen.
Denn Dein ist das Reich und die Kraft und die Herrlichkeit.
Amen.«

(Nach Matthäus 6,9-13)

Über den QR-Code gelangt ihr zum Wortlaut der Bibelstelle nach der Einheitsübersetzung.

Das Vaterunser in anderen Sprachen findet ihr zum Nachlesen direkt über diesen QR-Code.

Ich lobe meinen Gott von ganzem Herzen (GL 400)

Ich lobe meinen Gott von ganzem Herzen,
erzählen will ich von all seinen Wundern und singen seinem Namen.
Ich lobe meinen Gott von ganzem Herzen.
Ich freue mich und bin fröhlich, Herr, in dir! Halleluja.

Ich lobe Jesus Christ in meinem Leben,
denn er ist gekommen auf unsere Erde und ist ein Mensch geworden.
Ich lobe Jesus Christ in meinem Leben.
Durch ihn ist den Menschen die Hoffnung geschenkt. Halleluja.

Über den QR-Code gelangt ihr zu einer Version des Liedes, sodass ihr es hören und gleich mitsingen könnt.

Versucht einzeln oder miteinander ein Gebet zu schreiben.
Lasst euch dabei von euren momentanen Erlebnissen, Gedanken und Gefühlen leiten.
Überlegt:

- Wofür könnt ihr danken?
- Um welche Anliegen wollt ihr bitten?

Probiert mal aus, in der Familie zu beten:

- Vor dem Essen – sagt: »Danke, dass wir zu essen haben.«
- Nach dem Essen – sagt: »Danke, dass wir zusammen sind.«
- Vor dem Schlafengehen – sagt: »Danke für diesen schönen Tag ...«
  - Schaltet dazu euer Smartphone und euren Fernseher ab.
  - Zündet eine Kerze an. Macht es euch schön.
  - Atmet tief durch. Ihr braucht nichts zu tun. Versucht, ruhig zu werden.
  - Sprecht gemeinsam das Vaterunser. Wenn ihr wollt, haltet euch dabei an der Hand.

Tischgebete, Segensgebete, Gebete zum Tagesrückblick – all das findet ihr direkt über den QR-Code im Download.

Erzählt euch, wie es euch mit dem gemeinsamen Beten geht. Auch Beten braucht Übung. Deshalb ist es gut, wenn ihr es regelmäßig macht.
Es gibt auch noch andere Ideen fürs gemeinsame Beten, wie zum Beispiel ein Tischgebet vor dem Mittagessen oder ein Segensgebet, bevor ihr in die Schule geht, oder abends ein Gebet zum Tagesrückblick. Probiert aus, was zu euch als Familie passt.

Gott bleibt uns nah und traut uns etwas zu. Wir können die Beziehung zu ihm leben, indem wir mit ihm sprechen. Wir glauben, dass es Gott möglich ist, mit uns die Welt zu verändern.

Wenn ihr aufhört, könnt ihr euch gegenseitig segnen – mit einem Kreuzzeichen auf die Stirn oder indem ihr euch nacheinander die Hand auf den Kopf legt:

»Gott beschütze dich:
Im Namen des Vaters und des Sohnes
und des Heiligen Geistes.«

Eigentlich ein herrlicher Tag

Paula und Gülçin teilen sich ein Zimmer im großen Ferienfreizeitheim am Waldrand. Seit der langen Busfahrt sind die beiden Freundinnen. Die Tage vergehen wie im Flug. Am ersten Tag haben alle eine lustige Hausrallye gemacht und den riesigen Spielbereich rund um das Haus erkundet. Matteo und ein paar andere Jungs spielen in jeder freien Minute Fußball. Gestern haben alle zusammen ein aufregendes Geländespiel gespielt und abends gemeinsam Lieder am Lagerfeuer gesungen.

Heute steht eine große Wanderung auf dem Programm. Am Anfang haben einige ein wenig gemault, weil der lange Anstieg zur Burgruine so steil war. Aber die Anstrengung hat sich gelohnt. Hier oben ist es wirklich spannend – und auch ein wenig gefährlich. Ringsum geht es steil bergab und die Freizeitleiter müssen gut achtgeben, dass die Kinder sich nicht zu nahe an den Abgrund wagen. Auf dem Burggelände lässt sich jedenfalls prima Verstecken spielen. Aber die Jungs spielen Fußball. Sven spielt mal wieder nicht mit. Er sitzt im Schatten und spielt die ganze Zeit auf seinem Handy. Matteo ist total genervt. Ständig spielt Sven mit seinem neuen Handy rum. Sven ärgert es, dass Matteo so oft mit den anderen Jungs Fußball spielt. Sven mag Fußball nicht. Nur im Fernsehen. Da kennt er sich besser aus als alle anderen. Er kennt alle Mannschaften und Trainer, Tabellenplätze und Vereinsfarben. Aber selbst spielen? Die können doch gar nicht richtig kicken – immer rennen alle hinterm Ball her und keiner gibt ab. Ihm schon gar nicht. Dabei hat Sven zu Hause eine super Torwand im Garten ... Sven ist traurig. Er würde am liebsten wieder nach Hause fahren. Vor Wut schleudert er sein neues Handy auf den Boden. Zu stark. Das Display schlägt auf einem Stein auf und zerspringt. Hoffentlich hat das keiner gesehen, wäre ja peinlich. Da kommt Matteo auf Sven zu: »Spielst du mit Verstecken?« »Na gut«, murmelt Sven. Ob Matteo etwas bemerkt hat?

Nach der ausgedehnten Pause geht die Wanderung weiter, über einen sanft abfallenden Bergrücken zu einem nahe gelegenen Wasserfall. Auf halber Strecke liegt ein Vogel. Der Kopf ist ganz verdreht. Er regt sich nicht mehr, aber seine Brust bewegt sich noch auf und ab. »Igitt«, kreischen einige Mädchen und laufen angewidert weg. Drei Jungs stochern mit ihren Stöcken an ihm herum. Sven und Matteo kommen hinzu.

MATTEO: »Hört sofort auf damit, ihr Tierquäler. Was soll denn das, der lebt doch noch.«

SVEN: »Dem ist nicht mehr zu helfen – lass uns weitergehen.«

MATTEO: »Aber wir können den doch nicht einfach hier liegen lassen.«

SVEN: »Ich glaube, jetzt ist er tot, komm wir gehen zu den anderen Jungs – da kommen schon Gülçin und Paula. Wir Jungs wollten doch zuerst am Wasserfall sein.«

MATTEO: »Warte doch mal. Ich glaube, jetzt ist er wirklich tot.«

PAULA: »Schau mal, Gülçin, ein toter Vogel – der Arme.«

GÜLÇIN: »Fass ihn nicht an! Kommt, wir begraben ihn dort am Wegrand. Helft ihr uns, Matteo und Sven?«

MATTEO: »Ich grabe neben dem Farn ein Loch mit meinem Stock.«

SVEN: »Dahinten liegt ein großer flacher Stein, den können wir als Grabplatte nehmen, ich hole ihn.«

Paula und Gülçin rollen den toten Vogel mit einem Stock vorsichtig auf ein großes Blatt und begraben den Vogel gemeinsam mit Matteo und Sven am Wegrand.

MATTEO: »Und jetzt?«

SVEN: »Nichts, lasst uns weitergehen, die anderen sind schon so weit vorne.«

Matteo, Gülçin und Paula zögern.

SVEN: »Glaubt ihr etwa, der Vogel kommt jetzt in den Himmel, oder was?«

GÜLÇIN: »Paula, was hast du denn, du siehst so traurig aus.«

PAULA: »Ich muss gerade an Kais Opa denken – und an meine Oma Monika. Ob die jetzt wohl bei Gott sind?«

SVEN: »Ich glaube nicht, dass es da oben einen Gott gibt – wo soll der denn sein?«

MATTEO: »Und was glaubst du, warum ist das alles entstanden – die Erde, die Natur, die Sonne und die Sterne ...?«

SVEN: »Alles Zufall. Das hat sich halt über die Jahrmillionen so entwickelt. Da steckt kein tieferer Sinn dahinter. Es ist halt so. Man kann doch gar nicht beweisen, dass es einen Gott gibt.«

GÜLÇIN: »Allahu akbar. Gott ist größer. Größer als alle unsere Bilder und Vorstellungen von Gott. Größer auch als alle unsere Beweise und unser Verstand.«

PAULA: »Schaut mal, da öffnet sich gerade ein Kokon. Was eine Raupe war, schlüpft jetzt als Schmetterling. Na, der wird die Welt jetzt auch mit neuen Augen sehen.«

ZWISCHENRUF – INNEHALTEN: GOTT IST ANDERS, ALS DU DENKST

zur Welt **DOCH MANCHMAL LÄUFT ALLES SCHIEF – WAS DANN?**

Nicht immer läuft alles glatt im Leben. Es gibt viele Dinge, die uns belasten, z.B. ...
... wenn es in der Schule nicht gut geht,
... wenn ich von anderen Kindern ausgeschlossen werde,
... wenn jemand einen Unfall hat oder schwer krank wird,
... wenn eine Pandemie viele Menschen bedroht,
... wenn Menschen sterben,
... wenn eine Freundschaft zerbricht,
... wenn es in der Familie Schwierigkeiten gibt,
... wenn wir zu Hause nicht genug Geld haben,
... wenn jemand keine Arbeit hat,
...

WO IST DANN GOTT?

zu Gott und zu Jesus In der Bibel wird von einem Mann erzählt, der zunächst alles hatte, was man sich wünschen kann: Familie, viele Kinder, viel Besitz und Geld, Glück und Gesundheit. Doch plötzlich verliert er alles, obwohl er immer gut und gerecht war und auch immer zu Gott gebetet hatte: Seine Kinder sterben, sein Besitz geht verloren, sein Haus brennt ab. Schließlich verliert er auch seine Gesundheit und wird schwer krank.

Überlegt gemeinsam:
- Was geht dem Mann jetzt durch den Kopf?
- Wo ist Gott, wenn Menschen leiden?
- Wie kann der Mann neue Hoffnung finden?

Ich steh vor Dir mit leeren Händen, Herr (GL 422)

Ich steh vor dir mit leeren Händen, Herr;
fremd wie dein Name sind mir deine Wege.
Seit Menschen leben, rufen sie nach Gott;
mein Los ist Tod, hast du nicht andern Segen?
Bist du der Gott, der Zukunft mir verheißt?
Ich möchte glauben, komm mir doch entgegen.

Von Zweifeln ist mein Leben übermannt,
mein Unvermögen hält mich ganz gefangen.
Hast du mit Namen mich in deine Hand,
in dein Erbarmen fest mich eingeschrieben?
Nimmst du mich auf in dein gelobtes Land?
Werd ich dich noch mit neuen Augen sehen?

Sprich du das Wort, das tröstet und befreit
und das mich führt in deinen großen Frieden.
Schließ auf das Land, das keine Grenzen kennt,
und lass mich unter deinen Kindern leben.
Sei du mein täglich Brot, so wahr du lebst.
Du bist mein Atem, wenn ich zu dir bete.

Über den QR-Code gelangt ihr zu einer Version des Liedes, sodass ihr es hören und gleich mitsingen könnt.

Der Mann, über den diese Geschichte erzählt wird, heißt in der Bibel Ijob (oder Hiob). Als Ijob alles verloren hat, klagt er gegen Gott und sagt:

Warum hast Du mich im Stich gelassen?
Warum hilfst Du mir nicht?

Ähnliche Erfahrungen haben auch andere Menschen in der Bibel gemacht. Ein berühmtes Gebet in der Bibel, das man einen Psalm nennt, heißt:

»Mein Gott, mein Gott,
warum hast Du mich verlassen?«

(Psalm 22,1)

Dasselbe Gebet hat auch Jesus gebetet, als er am Kreuz schrecklich leiden musste. Er rief zu Gott:

»Mein Gott, mein Gott, warum hast Du mich verlassen?«

(Matthäus 27,46)

Wer zu Gott klagt und ihn anfragt, betet zu ihm. Dadurch drücken betende Menschen gegenüber Gott aus: »Obwohl ich vieles nicht verstehe, vertraue ich Dir, dass Du mich nicht im Stich lässt, dass Du trotzdem da bist.«
Gott ist uns Menschen nahe, auch dann, wenn es uns nicht gut geht oder Menschen leiden.

Wenn ihr aufhört, könnt ihr euch gegenseitig segnen – mit einem Kreuzzeichen auf die Stirn oder indem ihr euch nacheinander die Hand auf den Kopf legt:

»Gott beschütze dich:
Im Namen des Vaters und des Sohnes
und des Heiligen Geistes.«

Es ist kalt und irgendwie unheimlich

Spärlich beleuchten ihre Fackeln den Weg durch die Dunkelheit. Alleine würde sich nicht einmal Sven in dieses dichte Dickicht trauen. Ein echtes Abenteuer, so eine Nachtwanderung durch den Wald!

Seit der gemeinsamen Beerdigung des toten Vogels sind Sven, Matteo, Gülçin und Paula eine richtige Clique geworden. Auch jetzt haben sie sich vom großen Pulk abgesetzt und fallen immer weiter zurück. Gut zu wissen, dass Kathrin, die Oberministrantin, mit einer kleinen Gruppe am Schluss läuft. Die sind aber so weit hinten, dass man sie gar nicht mehr hört – wahrscheinlich musste mal wieder jemand dringend aufs Klo. Aber das kümmert die vier nicht weiter. Nach dem Abendessen wurde ein Spielfilm über Jesus gezeigt. Paula musste bei der Szene von der Kreuzigung weggucken. Überhaupt hat der Film die Gruppe ganz schön aufgewühlt. Gülçin ist noch während des Films auf ihr Zimmer gegangen, Matteo hat sich über Sven aufgeregt, weil der den Film langweilig fand. Nur die Römer wären cool gewesen. Es gibt also so viel zu besprechen, dass die Freunde gar nicht merken, wie sie sich immer weiter von der Gruppe vor ihnen entfernen …

SVEN: »Also ich glaube diese ganzen Geschichten sowieso nicht. Wasser in Wein verwandeln, Kranke heilen, Tote auferwecken – und am Ende war dann noch der Stein vom Grab weggerollt, Jesus ist auferstanden und erscheint seinen Jüngern. Das sind doch alles Märchen.«

MATTEO: »Aber so war es, das steht doch alles fast genauso in den vier Evangelien.«

GÜLÇIN: »Vieles davon steht auch im Koran. Nur das mit der Kreuzigung glauben wir nicht. Allah würde doch niemals seinen Propheten von diesen ungläubigen Römern umbringen lassen. Dann wäre ja alles umsonst gewesen.«

PAULA: »Aber für uns ist Jesus kein Prophet, sondern Gottes Sohn. Durch ihn hat Gott sich ganz menschlich gemacht, damit wir erkennen können, wie sehr er uns nahe sein will und uns liebt. Jesus hat ganz für andere gelebt und ist von seinen Freunden verraten und von seinen Feinden umgebracht worden. Gott ist aber stärker als der Tod, deshalb hat er seinen Sohn auferweckt. Nicht einmal der Tod kann uns von Gottes Liebe trennen.«

GÜLÇIN: »Also wirklich Paula, Gott kann doch keinen Sohn haben. Es gibt doch nur einen Gott – und der ist kein Mensch. Alles, was wir von Gott wissen können, steht in den Heiligen Schriften, die uns die Propheten hinterlassen haben.«

MATTEO: »In unserer Bibel steht es aber anders. Du glaubst doch auch, dass für Gott nichts unmöglich ist. Wenn wir sagen, dass Jesus Gottes Sohn ist, dann meinen wir, dass er von Gott kommt, damit wir Gott besser verstehen und lernen, wie wir miteinander leben sollen.«

GÜLÇIN: »Im Koran steht aber …«

SVEN: »Hört doch mal auf, das bringt doch nichts. Dieser Jesus war einfach ein netter Mensch vor 2000 Jahren. Der hat viel Gutes getan und meinetwegen auch viel Kluges erzählt. Der Rest ist doch erfunden. Die Juden glauben ja auch nicht an Jesus als Prophet oder Sohn Gottes. Es gibt doch immer noch ganz viel Krieg und Gemeinheit in der Welt. Und oft gerade wegen der Religionen. Warum macht euer Gott nichts dagegen? Warum hat Jesus statt Wasser in Wein nicht die Welt verwandelt, wenn er Gottes Sohn ist?«

PAULA: »Also ich glaube, dass Jesus von Gott kommt. Und ich glaube auch, dass er auferstanden ist und immer ganz nahe bei uns ist, auch wenn wir ihn nicht sehen können. So wie Gott. Gott will nicht die Welt oder die Natur verwandeln, sondern unsere Herzen. Das kann man nicht erzwingen. Das geht nur, wenn man sich lieb hat und vertraut.«

SVEN: »Das ist aber ein unsicherer Weg.«

MATTEO: »Wohin gehen wir eigentlich gerade? Meine Fackel ist ausgegangen. Ich sehe und höre die anderen auch gar nicht mehr.«

GÜLÇIN: »Unsere Fackeln sind auch schon fast runtergebrannt. Seid ihr sicher, dass wir vorhin bei der letzten Weggabelung richtig gelaufen sind?«

PAULA: »Was machen wir jetzt? Sven, hast du nicht dein tolles Handy dabei?«

SVEN: »Kein Empfang, fürchte ich. Wir können ja einfach hier stehen bleiben und warten, bis Kathrin und die anderen kommen.«

GÜLÇIN: »Und wenn die an der letzten Weggabelung anders gelaufen sind? Irgendwohin wird dieser Weg ja auch führen. Wir sollten besser schneller laufen, bevor wir hier ganz im Dunkeln stehen.«

MATTEO: »Wir können uns ja aufteilen, die einen vor – die anderen zurück zur Weggabelung. Vielleicht haben wir ja dann mehr Chancen.«

PAULA: »Lasst uns lieber zusammen weitergehen. Wir können ja immer nur eine Fackel benutzen, dann halten sie länger.«

SVEN: »Schaut mal da hinten. Schimmert da nicht Licht durch das Dickicht? Das könnten doch Kathrin mit den anderen sein.«

MATTEO: »Oder vielleicht sogar unser Freizeitheim.«

SVEN: »Gott sei Dank!«

GÜLÇIN (grinst): »Meinst du das jetzt im Ernst?«

IN HEILIGEN ZEICHEN MIT GOTT VERBUNDEN

Liebe Eltern und Beziehungspersonen,

mehr als Worte sagen Zeichen. Eine Packung Schokolade als Dank oder eine geschenkte Rose im richtigen Moment öffnen das Herz. Solche Zeichen sind dann mehr als ihr materieller Wert. Sie tragen eine Botschaft in sich und verweisen über sich selbst hinaus auf die vielen unaussprechlichen und letztlich auch unbegreiflichen Dinge, die Menschen miteinander verbindet.

Werden Zeichen regelmäßig nach den gleichen Regeln vollzogen, dann spricht man von Ritualen. Sie können unseren Alltag gestalten und rhythmisieren. Sie bieten Sicherheit, Geborgenheit und Gemeinschaft. Daher helfen sie uns, den Alltag gut zu schaffen. Bei Anfängen und Abschieden, bei Festen oder beim Essen am Tisch unterstützen uns Rituale, miteinander in Verbindung zu sein und zu bleiben. Insbesondere Kinder und Familien brauchen Rituale, um miteinander in Beziehung zu sein.

Rituale bringen uns auch mit Gott in Beziehung, weil sie auf eine Wirklichkeit verweisen, die über unsere Mächte, Kräfte und Machbarkeiten hinausgehen. Sie berühren unseren Verstand, unsere Emotionen und unsere Bedürfnisse gleichermaßen. Mit ihrer Hilfe lässt sich mehr ausdrücken als gesagt werden kann. Religiöse Rituale schenken uns für das (Familien-)Leben mit seinen Höhen und Tiefen Hoffnung, Zuversicht und neues Vertrauen. Solche heilsamen Rituale wollen wir in den nächsten vier Einheiten mit Ihnen ausprobieren und einüben.

Das erste Ritual besteht aus dem **Zeichen des Wassers**, in Erinnerung an die Taufe, mit dem sich Christ:innen selbst oder andere segnen. Wenn Sie Ihr Kind segnen, dann kann Ihr Kind erfahren, behütet zu sein. Gerade am Abend oder vor dem Verlassen des Hauses ist es schön, wenn Sie Ihr Kind segnen.

Ein zweites Ritual ist das **Kreuzzeichen**. Das Kreuz ist das (Erkennungs-)Zeichen der Christ:innen. Daher machen wir dieses Zeichen als Erinnerung an Jesus. Dieses Ritual passt zu jeder Zeit in den Alltag.

Ein drittes Ritual findet sich im **Anzünden einer Kerze**. An Festen oder zu schönen Anlässen entzünden wir Kerzen. Die Taufkerze kann zu wichtigen Anlässen oder am Geburtstag entzündet werden.

Schließlich erschließen wir Ihnen ein viertes Ritual: sich durch **Brot stärken** zu lassen. Brot ist mehr als ein Grundnahrungsmittel und kann uns helfen, miteinander zu teilen und von unserem Leben zu erzählen.

Wir wünschen Ihnen viel Freude beim Ausprobieren und (Neu-)Entdecken der Rituale.

VON GOTT MIT WASSER GESEGNET

Bevor ihr eure gemeinsame Zeit startet, beginnt in folgender Weise:

- Zündet eine Kerze an und schaut in das Licht.
- Kommt zur Ruhe, indem ihr ein paar Mal ein- und ausatmet.

Jeder Mensch ist von Gott ins Leben gerufen, dadurch von ihm geliebt und gesegnet. Gesegnet heißt in der italienischen Sprache »bene-dire« – etwas Gutes sagen. Segnen meint, dass wir uns gegenseitig von Gott her etwas Gutes zusagen und ihn bitten, dass er gut auf uns aufpassen soll. In der Taufe bringen wir zum Ausdruck, dass wir von Gott gesegnet sind und er uns begleitet.

Schaut Bilder deiner Taufe an.

- Was könnt ihr darauf erkennen?
- Welche Zeichen sind dabei wichtig?
- Klebt ein Foto von der Taufe ein!

Jesus wird getauft

»Eines Tages ging Jesus zu Johannes. Er sollte Jesus taufen. Johannes aber war verwundert. Daher sagte Johannes: ›Das geht nicht. Du bist Jesus. Du kommst von Gott. Ich muss dich nicht taufen. Du musst eigentlich mich taufen.‹ Daraufhin sagte Jesus zu Johannes: ›Doch. Gott freut sich, wenn du mich taufst.‹ Da taufte Johannes den Jesus. Als Jesus wieder aus dem Wasser heraustrat, öffnete sich auf einmal der Himmel. Von dort kam die Kraft Gottes auf Jesus herab. Sie ist der Heilige Geist und kam wie eine Taube auf Jesus nieder. Dann sagte eine Stimme aus dem Himmel: ›Jesus ist mein lieber Sohn. An Jesus habe ich große Freude.‹«

(nach Matthäus 3,13-17)

Über den QR-Code gelangt ihr zum Wortlaut der Bibelstelle nach der Einheitsübersetzung.

Bei deiner Taufe hat sich auch für dich gleichsam der Himmel geöffnet und Gott sagt zu dir: »Du bist gesegnet!«

Wer gesegnet ist, bleibt lebendig wie frisches Wasser. Deshalb erinnern wir uns durch das Wasser an die Taufe.

- Wo erlebst du Wasser?
- Wie fühlt sich Wasser an?
- Wozu brauchen wir Wasser?

Ohne Wasser kann keine Pflanze, kein Tier und kein Mensch leben. Deshalb ist Gott für uns wie Wasser. Er will, dass es uns gut geht und sagt zu uns: »Du bist beschützt und gesegnet.«

Dies sagt Gott uns in der Taufe zu und immer, wenn wir uns daran erinnern. So werden wir in der Taufe in die Gemeinschaft mit Jesus und in die Gemeinschaft der Kirche aufgenommen.

zu Gott und zu Jesus SICH GEGENSEITIG SEGNEN

So wie es Gott mit uns gut meint, wollen auch eure Eltern das Beste für dich. Dass Gott euch beschützt und segnet, könnt ihr euch nun gegenseitig zusagen. Dabei erinnert ihr euch an die Taufe.

- Stellt eine kleine Schale mit Wasser vor euch hin.
- Dann taucht mit einem Finger in das Wasser.
- Jetzt zeichnet ihr euch mit dem Wasser gegenseitig ein Kreuzzeichen auf die Stirn und sagt dabei: Du bist beschützt und gesegnet.

Es tut gut, wenn ihr euch dieses Kreuzzeichen mit Wasser oder Weihwasser aus der Kirche immer am Abend oder wenn ihr das Haus verlasst, auf die Stirn zeichnet. Denn es ist das Zeichen der Verbundenheit mit Gott. Probiert es mal die nächste Woche aus und erzählt euch dann gegenseitig, wie es euch damit ergangen ist und ob ihr es beibehalten wollt.

Komm, Herr, segne uns (GL 451)

Komm, Herr, segne uns, dass wir uns nicht trennen,
sondern überall uns zu dir bekennen.
Nie sind wir allein, stets sind wir die Deinen.
Lachen oder Weinen wird gesegnet sein.

Keiner kann allein Segen sich bewahren.
Weil du reichlich gibst, müssen wir nicht sparen.
Segen kann gedeihn, wo wir alles teilen,
schlimmen Schaden heilen, lieben und verzeihn.

Frieden gabst du schon, Frieden muss noch werden,
wie du ihn versprichst uns zum Wohl auf Erden.
Hilf, das wir ihn tun, wo wir ihn erspähen –
die mit Tränen säen, werden in ihm ruhn.

Über den QR-Code gelangt ihr zu einer Version des Liedes, sodass ihr es hören und gleich mitsingen könnt.

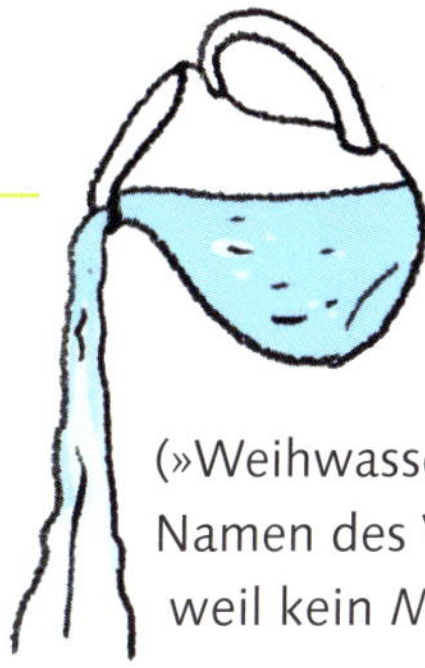

Bei deiner Taufe wurde dir gesegnetes Wasser (»Weihwasser«) über den Kopf gegossen und dabei gebetet: »Ich taufe dich im Namen des Vaters und des Sohnes und des Heiligen Geistes. Amen.« Wasser bedeutet Leben, weil kein Mensch ohne Wasser leben kann.

Deine Taufkerze wurde am Licht der Osterkerze entzündet und dir von deinen Eltern und Pat:innen überreicht. Diese Kerze soll dein Leben immer hell machen, besonders wenn du traurig bist.

Zudem wurde dir ein weißes Kleid angezogen. Das weiße Kleid steht für Jesus, der nun fest zu dir gehört.

Schließlich wurdest du mit duftendem Öl (»Chrisam«) gesalbt. Mit diesem Öl wurden früher Könige und Pharaonen gesalbt. Durch diese Salbung bist du selbst ein Königskind. Beides, das Kleid und das Öl, sind Zeichen dafür, dass du wertvoll bist und Gott dich willkommen heißt.

Bei der Erstkommunion erinnern wir uns wieder an unsere Taufe.

Wenn ihr aufhört, könnt ihr euch gegenseitig segnen – mit einem Kreuzzeichen auf die Stirn oder indem ihr euch nacheinander die Hand auf den Kopf legt:

»Gott beschütze dich:
Im Namen des Vaters und des Sohnes
und des Heiligen Geistes.«

VON GOTT IM KREUZ GELIEBT

Bevor ihr eure gemeinsame Zeit startet, beginnt in folgender Weise:
- Zündet eine Kerze an und schaut in das Licht.
- Kommt zur Ruhe, indem ihr ein paar Mal ein- und ausatmet.

Selig seid ihr, wenn ihr einfach lebt (GL 458)

Selig seid ihr, wenn ihr einfach lebt. Selig seid ihr, wenn ihr Lasten tragt.

Selig seid ihr, wenn ihr lieben lernt. Selig seid ihr, wenn ihr Güte wagt.

Selig seid ihr, wenn ihr Leiden merkt. Selig seid ihr, wenn ihr ehrlich bleibt.

Selig seid ihr, wenn ihr Frieden macht. Selig seid ihr, wenn ihr Unrecht spürt.

Über den QR-Code gelangt ihr zu einer Version des Liedes, sodass ihr es hören und gleich mitsingen könnt.

Jeder braucht Menschen, die einen gernhaben. Andere leben auch davon, dass ich sie gernhabe. Manche bringen ihre Liebe durch ein Herz zum Ausdruck.

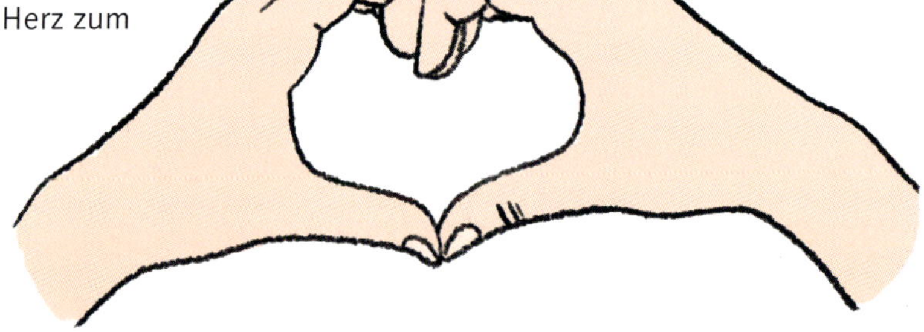

• Wen habe ich gern und wer mag mich?

zumirselbst Wenn Menschen mich lieben, dann spüre ich, dass Gott mich liebt. Deshalb lädt Jesus uns ein, einander zu lieben.

Wenn du magst, schreibe die Namen von Menschen, die dich lieb haben und die du lieb hast, in die Herzen.

Jesus sagt:
»Meine Freunde, ich habe euch sehr lieb.
Ihr sollt euch gegenseitig genauso lieb haben, wie ich euch lieb habe. Daran können alle Menschen merken, dass ihr meine Freunde seid.«

(nach Johannes 13,34-35)

Über den QR-Code gelangt ihr zum Wortlaut der Bibelstelle nach der Einheitsübersetzung.

zu Gott und zu Jesus

KREUZZEICHEN

Wenn ich das Kreuzzeichen mache, dann erinnere ich mich, dass Gott mich lieb hat.

- Ich beginne das Kreuzzeichen mit der rechten Hand bei der Stirn und berühre anschließend die Brust – Gott liebt mich von Kopf bis Fuß – und spreche dazu: »Im Namen des Vaters und des Sohnes.«
- Dann gehe ich mit der rechten Hand von der linken Schulter über mein Herz zur rechten Schulter – ich habe auch die anderen gern – und spreche dazu: »Und des Heiligen Geistes. Amen.«

Probiere das Kreuzzeichen am Morgen, am Abend oder vor einem Gebet aus. Damit drückst du aus: Gott liebt mich, wie ich bin. Ich versuche, die anderen auch zu lieben, wie sie sind. Gott gibt mir dazu Kraft.

»Lieber Gott, wir danken Dir, dass Du uns gernhast, so wie wir sind. Es ist schön, Deine Liebe im Spielen und Feiern mit anderen zu spüren. Gib uns die Kraft, dass wir andere auch so annehmen können, wie sie sind. Schau ganz besonders auf unsere Familie, so wie sie gerade ist, dass wir es gut miteinander haben.
So segne uns und alle Menschen, an die wir denken – der Vater, der Sohn und der Heilige Geist. Amen.«

WELCHES KREUZ GEFÄLLT DIR AM BESTEN?

Hast du schon einmal überlegt, ein Kreuz in deinem Zimmer aufzuhängen? Es kann dich immer daran erinnern, dass Gott dich liebt und stark macht.

Weitere Kreuze zum Ausdrucken und Ausmalen findet ihr direkt über diesen QR-Code.

Wenn wir das Kreuzzeichen machen, verbinden wir uns mit Gott und mit den Menschen. Dabei erinnern wir uns daran, dass Gott alle Menschen liebt. Tiefe Liebe umfasst das ganze Leben bis zum Tod. So kennen wir es von Jesus. Seine Liebe ging bis zum Tod am Kreuz – und darüber hinaus.

Wenn ihr aufhört, könnt ihr euch gegenseitig segnen – mit einem Kreuzzeichen auf die Stirn oder indem ihr euch nacheinander die Hand auf den Kopf legt:

»Gott beschütze dich:
Im Namen des Vaters und des Sohnes
und des Heiligen Geistes.«

VON GOTTES LICHT BEGLEITET

Bevor ihr eure gemeinsame Zeit startet, beginnt in folgender Weise:

- Zündet eine Kerze an und schaut in das Licht.
- Kommt zur Ruhe, indem ihr ein paar Mal ein- und ausatmet.

DER KÖNIG UND SEINE ZWEI SÖHNE

Ein König hatte zwei Söhne. Als er alt wurde, da wollte er einen der beiden zu seinem Nachfolger bestellen. Er versammelte die Weisen des Landes und rief seine beiden Söhne herbei. Er gab jedem der beiden fünf Silberstücke und sagte: »Ihr sollt für dieses Geld die Halle in unserem Schloss bis zum Abend füllen. Womit, ist eure Sache.« Die Weisen sagten: »Das ist eine gute Aufgabe.«

Der älteste Sohn ging davon und kam an einem Feld vorbei, wo die Arbeiter dabei waren, das Zuckerrohr zu ernten und in einer Mühle auszupressen. Das ausgepresste Zuckerrohr lag nutzlos umher.

Er dachte sich: »Das ist eine gute Gelegenheit, mit diesem nutzlosen Zeug die Halle meines Vaters zu füllen.« Mit dem Aufseher der Arbeiter wurde er einig, und sie schafften bis zum späten Nachmittag das ausgedroschene Zuckerrohr in die Halle. Als sie gefüllt war, ging er zu seinem Vater und sagte: »Ich habe deine Aufgabe erfüllt. Auf meinen Bruder brauchst du nicht mehr zu warten. Mach mich zu deinem Nachfolger.« Der Vater antwortet: »Es ist noch nicht Abend. Ich werde warten.«

Bald darauf kam auch der jüngere Sohn. Er bat darum, das ausgedroschene Zuckerrohr wieder aus der Halle zu entfernen. So geschah es. Dann stellte er mitten in die Halle eine Kerze und zündete sie an. Ihr Schein füllte die Halle bis in die letzte Ecke hinein.

Der Vater sagte: »Du sollst mein Nachfolger sein. Dein Bruder hat fünf Silberstücke ausgegeben, um die Halle mit nutzlosem Zeug zu füllen. Du hast nicht einmal ein Silberstück gebraucht und hast sie mit Licht erfüllt. Du hast sie mit dem gefüllt, was die Menschen brauchen.«

- Was gefällt dir an dieser Geschichte?
- Wo und wann erleben wir in der Welt oder im Leben, dass es dunkel wird?
- Was hilft dir/euch, dass das Leben wieder hell und schön wird?
- Wie verändert eine Kerze einen Raum?

Die Menschen in der Bibel sind überzeugt: Licht kommt von Gott. Es ist für alle Pflanzen, Tiere und Menschen nötig, um leben zu können. Das Licht stammt von Gott. Manchmal wird gesagt, dass Gottes Wort wie das Licht in der Nacht ist. Deshalb sagt auch Jesus von sich selbst, dass er Licht ist.

»Als Jesus wieder einmal mit seinen Jüngern redete, sagte er: ›Ich bin das Licht der Welt. Wer mir nachfolgt, wird nicht im Dunkeln umhergehen, sondern wird im Licht leben.‹«

(nach Johannes 8,12)

Über den QR-Code gelangt ihr zum Wortlaut der Bibelstelle nach der Einheitsübersetzung.

Gottes Wort ist wie Licht in der Nacht (GL 450)

Gottes Wort ist wie Licht in der Nacht;
es hat Hoffnung und Zukunft gebracht;
es gibt Trost, es gibt Halt in Bedrängnis, Not und Ängsten,
ist wie ein Stern in der Dunkelheit.

Über den QR-Code gelangt ihr zu einer Version des Liedes, sodass ihr es hören und gleich mitsingen könnt.

zu Gott und zu Jesus — TAUFKERZE ENTZÜNDEN

Als Christ:innen hoffen wir, dass Gott unser Leben immer wieder hell macht. Diese Hoffnung drücken wir aus, wenn wir eine Kerze anzünden. Bei der Taufe gibt es eine Taufkerze, die an der Osterkerze entzündet wird. Die Taufkerze zeigt uns, dass bei deiner Geburt die Welt hell geworden ist und dass du ein Geschenk Gottes bist.

- Wenn du eine Taufkerze hast, dann hole sie oder eine andere Kerze.
- Zündet sie am Abend gemeinsam in der Familie an.
- Mache das Licht im Raum aus.
- Betrachte die Flamme der Kerze einen Moment lang.
- Wofür bist du Gott und anderen Menschen dankbar? Gerne kannst du es laut sagen.
- Singt nochmals das Lied »Gottes Wort ist wie Licht in der Nacht«.

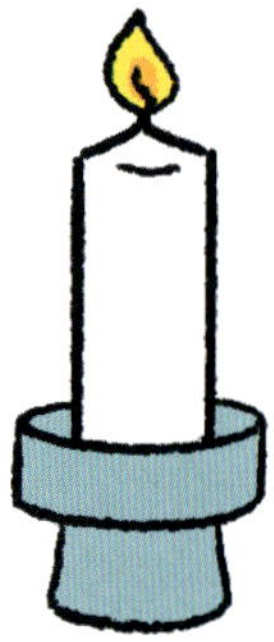

zu Gott und zu Jesus Wenn ihr in der Familie miteinander betet, dann könnt ihr eine Kerze anzünden. Sie ist ein Zeichen dafür: »Gott ist in unserer Mitte. Jesus Christus ist bei uns!«

Zeichne hier deine Taufkerze oder eine Kerze, die dir als Taufkerze gefallen würde, oder klebe ein Bild deiner Taufkerze hier ein.

»Jesus, Sohn Gottes. Du bist das Licht der Welt. Wir vertrauen darauf, dass Du nun bei uns bist. Für alle schönen Momente, die unser Leben warm und hell machen, sagen wir Dir Dank. Bleib auch bei uns, wenn unser Leben dunkel wird, wenn wir Angst haben und traurig sind. Denn Du bist das Licht der Welt. So segne uns und alle Menschen, an die wir denken – der Vater, der Sohn und der Heilige Geist. Amen.«

Licht ist Zeichen für Gott und für Jesus Christus. Jesu Leben und seine Botschaft der Liebe haben Gottes Licht aufs Neue sichtbar gemacht. Wenn wir an ihn denken und zu ihm sprechen, kann es in uns warm und hell werden. Als Zeichen dafür entzünden wir zum Beten in Gemeinschaft oft eine Kerze.

Wenn ihr aufhört, könnt ihr euch gegenseitig segnen – mit einem Kreuzzeichen auf die Stirn oder indem ihr euch nacheinander die Hand auf den Kopf legt:

»Gott beschütze dich:
Im Namen des Vaters und des Sohnes
und des Heiligen Geistes.«

VON GOTT DURCH BROT GESTÄRKT

Bevor ihr eure gemeinsame Zeit startet, beginnt in folgender Weise:

- Zündet eine Kerze an und schaut in das Licht.
- Kommt zur Ruhe, indem ihr ein paar Mal ein- und ausatmet.

Wenn wir das Leben teilen wie das täglich Brot (GL 474)

Wenn wir das Leben teilen wie das täglich Brot,
wenn alle, die uns sehen, wissen: Hier lebt Gott:
Jesus Christ, Feuer, das die Nacht erhellt,
Jesus Christ, du erneuerst unsre Welt.

Wenn wir uns öffnen für den Herrn in dieser Zeit,
Wege ihm bahnen, dass er kommt und uns befreit:
Jesus Christ, Feuer, das die Nacht erhellt,
Jesus Christ, du erneuerst unsre Welt.

Über den QR-Code gelangt ihr zu einer Version des Liedes, sodass ihr es hören und gleich mitsingen könnt.

Auf dem Weg nach Emmaus – Jesus verwandelt Menschen

»Jesus war von den Toten auferstanden. Seine Freunde wussten, dass das Grab leer ist. Aber sie konnten nicht glauben, dass Jesus auferstanden ist. Zwei von Jesu Freunden waren auf dem Heimweg in ihr Dorf Emmaus. Unterwegs redeten sie miteinander über alles, was mit Jesus passiert ist. Die Freunde waren sehr traurig. Da kam Jesus zu den beiden dazu. Sie merkten nicht, dass es Jesus ist. Er lief einfach mit ihnen mit und hörte genau zu, was die Freunde erzählten.

Nach einer Weile fragte Jesus die beiden: ›Was erzählt ihr denn da für Geschichten?‹ Die Freunde blieben traurig stehen. Einer von ihnen sagte zu Jesus: ›Weißt du denn gar nicht Bescheid, was passiert ist? Weißt du denn gar nichts von Jesus? Er kam von Gott und hat uns von ihm erzählt. Außerdem hat er viele Menschen gesund gemacht. Jesus hat viel Gutes getan und war ein wunderbarer Mensch. Aber dann haben die Mächtigen ihn zum Tod verurteilt. Jesus musste am Kreuz sterben und ist nun schon drei Tage tot. Heute Morgen waren einige Frauen beim Grab von Jesus und sagen, dass das Grab leer ist. Sie erzählen sogar, dass Engel beim Grab waren. Da haben einige andere Freunde nachgeschaut und es stimmt alles genau, wie sie es gesagt haben. Aber keiner hat Jesus gesehen.‹

Da sagte Jesus zu den beiden Freunden: ›Versteht ihr denn gar nichts? Wisst ihr gar nicht, dass mit Jesus alles so sein musste? Das hat Gott schon vor vielen Hundert Jahren zu den Menschen gesagt. Ist es für euch so schwer zu verstehen, was Gott gesagt hat?‹ Jesus fing an, den Freunden alles zu erklären. Gott schickt seinen Sohn, da er allen Menschen helfen will. Die Menschen wollen jedoch nicht auf den Sohn von Gott hören und haben den Sohn Gottes umgebracht. Gott hat seinen Sohn nun nicht im Grab gelassen, sondern Jesus ist wirklich auferstanden. Er ist zu seinem Vater zurückgekehrt.

Als Jesus so erzählte, fingen die beiden Freunde ein wenig an zu verstehen. Ihr Herz brannte vor Freude. Sie kamen mit Jesus zu Hause an. Jesus wollte weitergehen. Die Freunde aber sagten zu ihm:

›Bitte, bleibe bei uns. Es wird schon dunkel. Es ist schon spät.‹

Jesus ging mit den Freunden in ihr Haus. Zum Abendessen gab es Brot und Wein. Alle setzten sich an den Tisch. Allerdings merkten die beiden noch nicht, wer es ist, der bei ihnen war. Da nahm Jesus vor dem Essen das Brot. Jesus betete so wie immer und teilte das Brot in Stücke und gab es ihnen.

Plötzlich gingen den Freunden die Augen auf. Sie merkten auf einmal: Der fremde Mann, der mit uns unterwegs war, ist Jesus selber. Als die Freunde dies merkten, konnten sie ihn nicht mehr sehen.«

(nach Lukas 24,13-31)

Über den QR-Code gelangt ihr zum Wortlaut der Bibelstelle nach der Einheitsübersetzung.

- Wie ging es den Freunden von Jesus, als sie auf dem Weg nach Emmaus waren?
- Was hat sich verändert, als Jesus auf dem Weg dazukam?
- Was ist in Emmaus passiert? Was hat die Freunde verwandelt?

DAMALS UND HEUTE

Traurig und verstört gehen die zwei Freunde nach Hause, nachdem Jesus in Jerusalem gekreuzigt worden war. Alles, worauf sie gehofft hatten, ist zerbrochen.
Jesus jedoch kommt zu den beiden dazu. Sie erzählen ihm von dem, was sie erlebt haben. Jesus hört ihnen zu und teilt mit ihnen ihre Angst und ihre Sorgen. So teilt er auch das Brot mit ihnen. Dadurch werden sie gestärkt und sind wie verwandelt.

zu Gott und zu Jesus

BROT TEILEN

Für uns ist Brot wertvoll. Es ernährt unzählige Menschen auf der ganzen Welt.

- Legt eine Scheibe Brot auf einen Teller in eure Mitte.
- Was bedeutet Brot für euch? Wie geht ihr damit um?
- Erzählt euch von der letzten Woche: Was habt ihr Tolles erlebt und was war anstrengend?
- Jetzt kennt ihr auch den Alltag von den anderen. Ihr habt den Alltag gemeinsam geteilt. Deshalb nehmt jetzt die Scheibe Brot, teilt sie, so wie ihr den Alltag geteilt habt, und esst das Brot gemeinsam.
- Singt oder sprecht gemeinsam nochmals das Lied von oben: »Wenn wir das Leben teilen, wie das täglich Brot.«

Es ist eine schöne Erfahrung, gemeinsam Brot zu teilen und zu essen. Vielleicht erzählt ihr euch immer am Ende der Woche, was ihr erlebt habt und esst dann miteinander ein Stück Brot.

»Jesus, Du interessierst Dich für uns, wie es uns geht, was uns beschäftigt, was uns freut, aber auch was uns schwerfällt. Wir danken Dir für alle Menschen, die es gut mit uns meinen und uns zuhören. Gib uns Kraft durch Dein Brot, damit wir wie verwandelt sind. So segne uns und alle Menschen, an die wir denken – der Vater, der Sohn und der Heilige Geist. Amen.«

Wenn wir Eucharistie, also Gottesdienst feiern, bringen wir auch unsere Sorgen und Geschichten aus dem Alltag mit. Dann teilt Jesus und teilen wir das Brot, wie damals in Emmaus. Dabei glauben wir, dass Jesus mitten unter uns ist und auch uns, wie die Freunde damals, verwandelt und neue Kraft schenkt.

Wenn ihr aufhört, könnt ihr euch gegenseitig segnen – mit einem Kreuzzeichen auf die Stirn oder indem ihr euch nacheinander die Hand auf den Kopf legt:

»Gott beschütze dich:
Im Namen des Vaters und des Sohnes
und des Heiligen Geistes.«

Sonntagmorgen

Der Frühstückstisch ist heute besonders liebevoll und schön gedeckt. Es gibt Hefezopf und Erdbeermarmelade, auf dem Tisch stehen kleine Blumenvasen. Die Freizeitleiterinnen haben sogar kleine Tischkärtchen für die Kinder gestaltet und so aufgestellt, dass alle mal an einem anderen Platz sitzen als sonst. Vor dem Frühstück liest Gülçin aus der ersten Sure des Korans vor. Zuerst auf Arabisch, dann auf Deutsch. Alle sind sehr beeindruckt. Gülçin fühlt sich wohl auf der Freizeit. Die meisten Kinder sind freundlich zu ihr, und die Leiter achten immer darauf, dass ihre Religion respektiert wird. Sie wird zu nichts Religiösem gezwungen oder überredet. Gerade deshalb ist Gülçin sehr interessiert daran, viel über das Christ:insein zu erfahren. Sven ist froh, zum ersten Mal in einer Gruppe nicht ausgeschlossen zu werden. Paula findet es schön, wie hier alle zusammenhalten, auch wenn es ab und zu mal Streit gibt, und Matteo hat nie gedacht, dass man auch mit Mädchen gut befreundet sein kann. Seine große Schwester findet er nämlich oft nervig. Nach dem Frühstück macht sich die ganze Gruppe auf den halbstündigen Fußweg zum Sonntagsgottesdienst in die nahe gelegene Dorfkirche am Marktplatz. Gülçin entscheidet sich in letzter Minute, auch mitzugehen. Sie hat zwar schon mal mit ihren Eltern eine Kirche besichtigt, aber sie war noch nie bei einem christlichen Gottesdienst. Vieles ist ihr fremd und unverständlich. Sven geht es ähnlich.

Auf dem Rückweg über die Wiesen und Felder gibt es deshalb wieder viel zu besprechen.

Matteo und Paula haben ihre liebe Mühe, die vielen Fragen zu beantworten. Gut, dass sie schon einiges während der Kommunionvorbereitung gelernt haben.

GÜLÇIN: »Mir haben das Orgelspiel und die vielen Lieder gefallen, und ich finde es gut, dass alle Texte und Gebete auf Deutsch gesprochen werden. Da versteht man wenigstens alles.«

SVEN: »Also ich habe nicht viel verstanden. Dabei habe ich echt versucht, gut zuzuhören. Mir geht das einfach zu lange und ich finde es auch langweilig. Und als es endlich etwas zu essen geben sollte, haben nur die Erwachsenen und die großen Kinder so ein kleines Teigplättchen bekommen. Jesus hat doch in dem Film auch echtes Brot an alle verteilt und keine dünnen Backoblaten.«

PAULA: »Das ist ja auch ein besonderes Mahl. Du sollst ja nicht satt werden. In der Kommunion geht es um die Gemeinschaft mit Jesus Christus und untereinander. Gott berührt uns und will uns im heiligen Brot ganz nahe sein. Unser Pfarrer hat einmal gesagt: In der Eucharistiefeier möchte Gott unsere Herzen verwandeln.«

SVEN: »Ich will aber gar nicht verwandelt werden. Ich glaub das alles sowieso nicht.«

PAULA: »Deshalb sollst du ja auch erst zur Kommunion gehen, wenn du dazugehören und mit Jesus in Kontakt kommen willst.«

GÜLÇIN: »Mir ist das auch alles fremd. Aber ich verstehe jetzt langsam, worum es in euren Gottesdiensten geht: nicht um verwandeltes Brot, sondern um verwandelte Menschen, die so leben wollen, wie Jesus es vorgelebt hat.«

PAULA: »Und wir glauben, dass er uns dabei hilft.«

GÜLÇIN: »Ich möchte auch, dass Gott mir hilft, ein guter Mensch zu werden. Wir Muslime sollen uns deshalb möglichst genau an die Regeln unserer Religion halten. Das lernen wir alles in der Familie und wenn wir freitags in die Moschee gehen. Das hilft uns, mit Gott in Kontakt zu bleiben. Bei den Juden ist es auch so, sie feiern am Freitagabend ihren Schabbat mit einem gemeinsamen Essen in der Familie und in der Synagoge und erinnern sich daran, was Gott alles Gutes an ihnen getan hat.«

SVEN: »Wo ist eigentlich Matteo? Der war doch gerade noch bei uns.«

MATTEO: »Hinter dir – auf dem Marktplatz war eine Eisdiele. Ich habe uns allen ein Eis mitgebracht.«

SVEN: »Wunderbar.«

GEMEINSAM AUF DEM WEG

Liebe Eltern und Beziehungspersonen,

erinnern Sie sich noch, wie Sie sich als Paar zum ersten Mal zum Essen verabredet und getroffen haben? In einer Beziehung ist das meistens ein entscheidender Moment. Das bevorzugte Lokal, die ausgewählten Speisen und Getränke sind dabei nicht so wichtig. Wesentlich ist die Frage nach der Beziehung: Wie stehen wir zueinander? Wie geht es weiter mit uns?

Beim gemeinsamen Essen entscheidet sich oft die Qualität und Zukunft einer Beziehung. Menschen lernen sich dabei besser kennen und verstehen; miteinander essen schafft und bedeutet Vertrauen.

Wenn Sie sich als Familie zu Hause an einen Tisch setzen und miteinander essen, gehört dazu ganz wesentlich das Gespräch. Jede:r erzählt, wie es ihm oder ihr gerade geht. Am Tisch kommt auf den Tisch – also zur Sprache –, was uns freut oder ärgert, was uns belastet oder beglückt. Dadurch entsteht und verwirklicht sich Lebensgemeinschaft. Es braucht ein wenig Disziplin und Rücksichtnahme, sich als Familie regelmäßig als Tischgemeinschaft zu erleben. Aber die dadurch entstehende Verbundenheit und Gemeinschaft ist ein wahres Goldstück im Schatz einer Familienbeziehungskiste. Deshalb beschäftigen wir uns in einem ersten Schritt mit dem Thema »Gemeinsam essen«.

Für Jesus von Nazareth und seine Botschaft von Gottes Gegenwart unter uns Menschen spielt die Essensgemeinschaft eine wesentliche Rolle. Oft vergleicht er das erfüllte Glück bei Gott mit einem Fest-/Hochzeitsmahl. Dies kommt in dem Baustein »Gemeinsam Gott feiern« zum Ausdruck.

Zur bleibenden Erinnerung an sein Leben und seine Botschaft gibt Jesus seinen Freund:innen den Auftrag, Brot und Wein zu teilen. Von Beginn an versammeln sich Christ:innen – wie Jesus selbst seinen Freund:innen ans Herz gelegt hat – zu einem gemeinsamen Mahl, um miteinander von ihm zu sprechen, das Brot und das Leben in Freud und Leid miteinander zu teilen. Dadurch entsteht Gemeinschaft in Jesu Geist. Wir können so selbst »Gemeinsam Christ:in sein«. Dadurch finden Freund:innen Jesu die Kraft und den Antrieb, ihr Leben an seiner Botschaft auszurichten und die Welt so gut sie es können solidarisch, gerecht und friedvoll zu gestalten. Darüber sprechen wir im letzten Schritt dieses Kapitels mit dem Thema »Gemeinsam Welt gestalten«.

Das »Mahl Jesu« ist eine Feier dankbarer Lebensfreude und freudigen Lebensmutes, weil wir sie von Gott neu zugesagt bekommen und neu erfahren. Die Feier der Eucharistie (Danksagung) stärkt uns durch »das Brot des Lebens« – gerade auch in schwierigen Phasen – und schenkt uns neues Vertrauen. Es ist ein bisschen wie »Himmel auf Erden«.

Wir wünschen Ihnen viele gute Begegnungen und Gespräche beim Essen am Tisch zu Hause.

GEMEINSAM ESSEN

Bevor ihr eure gemeinsame Zeit startet, beginnt in folgender Weise:

- Zündet eine Kerze an und schaut in das Licht.
- Kommt zur Ruhe, indem ihr ein paar Mal ein- und ausatmet.

- Wieso ist es angenehm, gemeinsam mit anderen zu essen?
- Weshalb freuen wir uns auf ein gemeinsames Essen?
- Seid ihr schon einmal von jemandem zum Essen eingeladen worden? Welche Beispiele fallen euch ein?

Jesus begegnet Zachäus

»Jesus kam in die Stadt Jericho und ging durch die Straßen. Dort lebte ein Mann, der Zachäus hieß. Er war der oberste Zolleinnehmer und sehr reich. Er wollte unbedingt sehen, wer dieser Jesus war. Aber er konnte es nicht, denn er war klein, und die vielen Leute versperrten ihm die Sicht. Deshalb lief er voraus und kletterte auf einen Maulbeerfeigenbaum, um Jesus sehen zu können – denn dort musste er vorbeikommen. Als Jesus an die Stelle kam, blickte er hoch und sagte zu ihm: ›Zachäus, steig schnell herab. Ich will heute in deinem Haus zu Gast sein.‹ Sofort stieg Zachäus vom Baum herab. Voller Freude nahm er Jesus bei sich auf. Als die Leute das sahen, ärgerten sie sich und sagten zueinander: ›Bei einem Sünder ist er eingekehrt!‹ Aber Zachäus stand auf und sagte zum Herrn: ›Jesus, die Hälfte von meinem Besitz werde ich den Armen geben. Und wem ich zu viel abgenommen habe, dem werde ich es vierfach zurückzahlen.‹ Da sagte Jesus zu ihm: ›Heute ist ein Glückstag für dich – zusammen mit allen, die in deinem Haus leben. Denn auch du bist ein Kind Abrahams! Und ich bin gekommen, um die Verlorenen zu suchen und zu retten.‹«

(nach Lukas 19,1-10)

Über den QR-Code gelangt ihr zum Wortlaut der Bibelstelle nach der Einheitsübersetzung.

- Wieso will Jesus zu Zachäus kommen?
- Weshalb freut sich Zachäus, dass Jesus mit ihm isst und trinkt?
- Warum will Zachäus sein Verhalten ändern?

zu Gott und zu Jesus So wie mit Zachäus hat Jesus mit seinen Freund:innen und mit anderen Menschen immer wieder zusammen gegessen. Er machte dabei keinen Unterschied zwischen Armen und Reichen, zwischen Frommen oder weniger Frommen, zwischen Mann und Frau.

Jesus hat mit den Menschen zusammen gegessen, weil er ihnen zeigen wollte: Mit dem Reich Gottes ist es wie mit einem großen Festmahl, zu dem ohne Ausnahme alle dazugehören. Alle sind eingeladen. So groß ist die Liebe Gottes.

Wenn wir Eucharistie feiern, merken wir: Die Liebe Gottes schenkt sich auch an mich – so wie ich bin. Dann geht es uns manchmal wie Zachäus: Wir spüren, wo wir uns ändern können, um dieses Geschenk der Liebe weiterzugeben an andere Menschen.

Wir teilen und empfangen in der Eucharistie das Brot in Jesu Geist und Namen miteinander. Deshalb bringen wir durch unser Verhalten und Handeln die Liebe Gottes zu anderen Menschen. Dabei können wir an das Wort Jesu denken: Wenn ihr einem anderen Menschen helft, dann helft ihr mir.

- Wen wollt ihr einmal zum Essen einladen? Wer würde sich darüber ganz besonders freuen? Hier kannst du die Namen deiner Gäste aufschreiben.

- Wen könntet ihr einladen, den ihr besser kennenlernen möchtet?
- Wie wollt ihr den Tisch für das gemeinsame Essen gestalten?
- Wer bereitet ein Tischgebet vor?

- Was fällt euch auf, wenn ihr die Gesichter und Hände betrachtet?
- Was tun die Menschen hier? Was geschieht da?

Wenn das Brot, das wir teilen (GL 470)

Wenn das Brot, das wir teilen, als Rose blüht und das Wort, das wir sprechen, als Lied erklingt,
dann hat Gott unter uns schon sein Haus gebaut,
dann wohnt er schon in unserer Welt.
Ja, dann schauen wir heut schon sein Angesicht
in der Liebe, die alles umfängt, in der Liebe, die alles umfängt.

Wenn das Leid jedes Armen uns Christus zeigt, und die Not, die wir lindern, zur Freude wird, dann hat Gott …

Wenn die Hand, die wir halten, uns selber hält, und das Kleid, das wir schenken, auch uns bedeckt, dann hat Gott …

Wenn der Trost, den wir geben, uns weiter trägt, und der Schmerz, den wir teilen, zur Hoffnung wird, dann hat Gott …

Über den QR-Code gelangt ihr zu einer Version des Liedes, das noch mehr Strophen hat. Viel Spaß beim Hören und Mitsingen!

Jesus hat mit den Menschen gegessen. Für Jesus drückt sich in der Einladung zur Tischgemeinschaft die Liebe Gottes aus. Das Brot in Jesu Namen zu essen, das Jesus-Brot, verbindet uns mit Gott. Darin berührt er uns ganz persönlich. Es ermutigt uns, anderen Menschen zu helfen, ganz besonders, wenn es ihnen schlecht geht.

Wenn ihr aufhört, könnt ihr euch gegenseitig segnen – mit einem Kreuzzeichen auf die Stirn oder indem ihr euch nacheinander die Hand auf den Kopf legt:

»Gott beschütze dich:
Im Namen des Vaters und des Sohnes
und des Heiligen Geistes.«

GEMEINSAM GOTT FEIERN

Bevor ihr eure gemeinsame Zeit startet, beginnt in folgender Weise:

- Zündet eine Kerze an und schaut in das Licht.
- Kommt zur Ruhe, indem ihr ein paar Mal ein- und ausatmet.

- Manchmal laden wir Gäste ein. Was könnt ihr davon erzählen?
- Wie wird ein Fest eigentlich schön? Was gehört für euch dazu?
- Welche Anlässe für ein Fest kennt ihr?

zu Gott und zu Jesus Bei vielen Festen ist eines immer gleich: Wir essen und trinken gemeinsam. Wir feiern ein Fest, weil wir dankbar sind – zum Beispiel für die Geburt und die Lebensjahre am Geburtstag, für den Ehepartner und das Glück der Liebe am Hochzeitstag.
Etwas, das also schon viele Jahre zurückliegt, wird wieder ganz lebendig durch unser Erinnern und Feiern.

Die Kirche als große Gemeinschaft der Freund:innen Jesu feiert wichtige Ereignisse aus dem Leben Jesu. Denn ohne die Geschichte mit Jesus würde es die Kirche gar nicht geben.

Am wichtigsten ist für uns Christ:innen das Osterfest. Wir freuen uns, dass Jesus Christus nicht im Tod geblieben ist, sondern den Tod überwunden hat.

Das gemeinsame Feiern der Kirche in ihren Gottesdiensten nennen wir »Liturgie«. Die wichtigste Liturgie der Kirche ist die Feier der **»Eucharistie«**. Dieses griechische Wort bedeutet **»Danksagung«**. Jeden Sonntag sagen wir Gott Danke in dem Mahl, das uns in einzigartiger Weise mit Jesus Christus und untereinander verbindet.

Jesus hat das Reich Gottes oft mit einem Festmahl verglichen. Am letzten Abend vor seinem Tod hat er mit seinen Freunden Mahl gehalten. Wenn wir Eucharistie feiern, erinnern wir uns ganz intensiv an Jesus und sein Mahl mit seinen Freund:innen. Jesus ist uns dann ganz nahe, besonders im Brot, das wir teilen.

WIR FEIERN ALS FAMILIE EINEN GOTTESDIENST ZU HAUSE

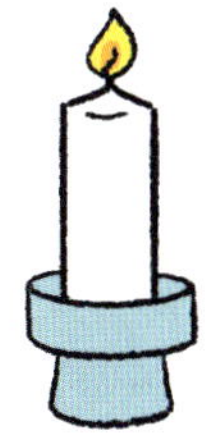

Ihr könnt euch einmal ganz bewusst Zeit nehmen für einen kleinen Gottesdienst in der Familie, um dadurch Gott zu loben und zu danken. Das kann zum Beispiel so ablaufen:

- Wir versammeln uns alle am Tisch. In die Mitte stellen wir eine brennende Kerze, ein Kreuz und eine (Kinder-)Bibel und legen auf einen Teller ein Stück Brot. Alle diese Zeichen erinnern uns an Jesus Christus.
- Wir beginnen gemeinsam mit dem Kreuzzeichen und beten dazu: »Im Namen des Vaters und des Sohnes und des Heiligen Geistes. Amen.«
- Wir loben Gott mit einem Lied und singen gemeinsam:

Die Herrlichkeit des Herrn (GL 412)

Die Herrlichkeit des Herrn bleibe ewiglich,
der Herr freu sich seiner Werke.
Ich will singen dem Herrn mein Leben lang,
ich will loben meinen Gott, solang ich bin.

Über den QR-Code gelangt ihr zu einer Version des Liedes, sodass ihr es hören und gleich mitsingen könnt.

Auf das Lied folgt ein Gebet, welches eine:r vorträgt:

»Guter Gott, wir danken Dir für alles Schöne, Gute und Frohe in unseren Tagen.
Wir danken Dir für… (hier können alle etwas sagen, wofür sie Gott heute danken wollen).
Wir bitten Dich um Deine Kraft, dass wir jenen Menschen helfen, die es schwer haben im Leben.
Schenke uns den Geist der Geschwisterlichkeit und lass uns die Menschen in Not nicht vergessen.
Gib uns den Willen und den Mut, die Schwachen zu unterstützen, die Kranken zu pflegen und zu stärken, die Trauernden zu trösten … (hier können alle sagen, um was sie Gott heute bitten wollen).
Amen.«

Jemand aus unserer Runde liest nun eine Jesus-Geschichte vor.

Das letzte Abendmahl Jesu vor seinem Tod

»Als die Stunde gekommen war, setzte sich Jesus zu Tisch
und die Apostel mit ihm. Er sagte: ›Ich habe mich sehr danach gesehnt,
dieses Mahl mit euch zu feiern.‹
Dann nahm Jesus ein Brot, sprach darüber ein Dankgebet,
brach es in Stücke und gab es ihnen mit den Worten:
›Das ist mein Leib, der für euch hingegeben wird.
Tut das immer wieder zur Erinnerung an mich.‹
Ebenso nahm er nach dem Essen den Becher mit Wein und sagte:
›Wenn ihr aus diesem Becher trinkt,
dann seid ihr mit mir und Gott verbunden.‹«

(nach Lukas 22,14-15,19-20)

Über den QR-Code gelangt ihr zum Wortlaut der Bibelstelle nach der Einheitsübersetzung.

zu Gott und zu Jesus Nehmt nun das Stück Brot auf dem Teller und teilt es miteinander. Jede:r bekommt ein Stück. Denkt beim Essen in Stille an Jesus.

- Woran erinnert ihr euch, was Jesus anderen Menschen Gutes getan hat?

Gemeinsam beten wir nun das Vaterunser. Dazu halten wir uns an den Händen und spüren, dass wir als Freund:innen Jesu zusammengehören.

» Vater unser im Himmel,
geheiligt werde Dein Name.
Dein Reich komme.
Dein Wille geschehe,
wie im Himmel so auf Erden.
Unser tägliches Brot gib uns heute.
Und vergib uns unsere Schuld,
wie auch wir vergeben unseren Schuldigern.
Und führe uns nicht in Versuchung,
sondern erlöse uns von dem Bösen.
Denn Dein ist das Reich und die Kraft
und die Herrlichkeit in Ewigkeit.
Amen. «

Zum Lobe Gottes singen und beten wir abschließend:

Danket, danket dem Herrn (GL 406)

Danket, danket dem Herrn, denn er ist so freundlich;
seine Güt' und Wahrheit währet ewiglich.

Über den QR-Code gelangt ihr zu einer Version des Liedes, sodass ihr es hören und gleich mitsingen könnt.

Den Ablauf für einen weiteren Beispielgottesdienst findet direkt über diesen QR-Code.

»Lebendiger Gott,
wir danken Dir für die schöne Feier,
die wir gemeinsam erleben durften.
Wie Jesus haben wir Brot geteilt und gegessen.
Es tat gut, gemeinsam zusammen zu sein.
Wenn wir das Brot teilen, sind wir ganz fest
miteinander verbunden und können spüren,
dass Du Gott auch ganz nah bei uns bist.
Wir bitten auch für die Kinder, die nicht genug
zum Essen haben und die keine Freunde haben.
An sie wollen wir jetzt ganz besonders denken.
Danke, dass Du unser Freund bist
und immer bleiben wirst.
Amen.«

Im Gottesdienst feiern wir Gott, der uns Leben und Liebe schenkt. Mit seiner Frohen Botschaft stärkt Jesus uns, auf Gott zu vertrauen und unseren Mitmenschen zu helfen.

In der Eucharistiefeier erinnern wir uns an Jesu Leben, Sterben und Auferstehen. Dabei sitzen wir gleichsam mit Jesus im Abendmahlssaal. Wir danken Gott, dass Jesus Christus für uns im »Brot des Lebens« wie damals wirklich gegenwärtig ist.

Wenn ihr aufhört, könnt ihr euch gegenseitig segnen – mit einem Kreuzzeichen auf die Stirn oder indem ihr euch nacheinander die Hand auf den Kopf legt:

»Gott beschütze dich:
Im Namen des Vaters und des Sohnes
und des Heiligen Geistes.«

GEMEINSAM CHRIST:IN SEIN

Bevor ihr eure gemeinsame Zeit startet, beginnt in folgender Weise:

- Zündet eine Kerze an und schaut in das Licht.
- Kommt zur Ruhe, indem ihr ein paar Mal ein- und ausatmet.

- Wo überall erlebst du Gemeinschaft? Mit wem ist es für dich besonders schön?
- Wann läuft es gut in einer Gruppe? Was ärgert dich manchmal?

- Male die Fische bunt aus und schreibe die Namen der anderen Kommunionkinder/-familien hinein. Wie verändert sich dadurch das Bild?

Jede:r Einzelne ist an seinem Platz wichtig und wird dort gebraucht. Wenn jemand nicht mehr mitmacht und seinen Platz verlässt, fehlt dem Ganzen etwas. Wenn im Bild ein einzelner Fisch wegschwimmt, fehlt dem großen Gemeinschaftsfisch ein wichtiges Teil. So ist es in jeder Lebensgemeinschaft, in der ich mit anderen zusammen bin. Wir alle sind füreinander wichtig.

zu anderen Die Kirche ist auch eine große Gemeinschaft. Sie besteht aus vielen Gemeinschaften, Gemeinden und Gruppen. Jede:r Christ:in gehört zur Gemeinschaft der Kirche. Das ist eine großartige Sache: Durch deine Taufe bist auch du ein Teil der Kirche!
Gemeinsam können wir Gutes bewirken. Ein Sprichwort aus Afrika heißt: »Viele kleine Leute in vielen kleinen Orten, die viele kleine Dinge tun, können das Gesicht der Welt verändern.«

Der eine Leib und die vielen Glieder

»Der Körper des Menschen ist einer und besteht doch aus vielen Teilen. Aber die vielen Teile gehören zusammen und bilden einen unteilbaren Organismus. So ist es auch mit Jesus Christus: Die Gemeinde ist sein Leib. Denn wir alle sind in der Taufe durch denselben Geist in den einen Leib, in Christus, eingegliedert – ob wir Juden sind oder Griechen, ob Sklaven oder Freie – wir sind alle mit demselben Geist erfüllt worden.

Ein Körper besteht nicht aus einem einzigen Teil, sondern aus vielen Teilen. Wenn der Fuß erklärt: ›Ich gehöre nicht zum Körper, weil ich nicht die Hand bin.‹ – Hört er damit auf, ein Teil des Körpers zu sein? Oder wenn das Ohr erklärt: ›Ich gehöre nicht zum Körper, weil ich nicht das Auge bin.‹ – Hört es damit auf, ein Teil des Körpers zu sein? Wie könnte ein Mensch hören, wenn er nur aus Augen bestünde? Wie könnte er riechen, wenn er nur aus Ohren bestünde?

Nun aber hat Gott im Körper viele Teile geschaffen und hat jedem Teil seinen Platz zugewiesen, so wie er es gewollt hat.

Wenn alles nur ein einzelner Teil wäre, wo bliebe da der ganze Leib?

Aber nun gibt es viele Teile, und alle gehören zu dem einen Leib.«

(Nach dem 1. Korintherbrief 12,12-20)

Über den QR-Code gelangt ihr zum Wortlaut der Bibelstelle nach der Einheitsübersetzung.

Kirche am Ort

Wie könnt ihr nach dem Kommunionweg Gemeinschaft in der Kirche erleben?
Erkundigt euch in der Gemeinde, welche Gruppen es gibt, in denen ihr mitmachen könnt.
Vielleicht könnt ihr gemeinsam mit anderen ein neues Projekt starten, wie z.B. Familienkreis, Kinderchor, Kindergruppe, Familienfreizeit, Familiengottesdienst ...

Kirche an vielen Orten

Schreibt um den Fisch (S. 98) herum, wo und wie ihr aktiv an der Gestaltung unserer Gesellschaft und Welt mitwirken könnt.

- Wie könnt ihr euch an euren Lebensorten (Wohnort, Nachbarschaft, Schule, Arbeitsplatz, Verein usw.) einsetzen, damit das Leben freundlicher und schöner wird für alle?
- Welche Initiativen, Projekte, Hilfsorganisationen gibt es bei euch, die sich für andere Menschen, den Schutz der Natur und des Lebens einsetzen?
- Wo hast du und habt ihr eine Möglichkeit, mitzuhelfen, dass das Leben – besonders für Menschen am Rand – gelingt und besser wird?

zu anderen Kirche als Glaubensgemeinschaft

- Ihr könnt bewusst für andere Menschen beten und zum Beispiel für sie in der Kirche eine Kerze entzünden.
- Ihr könnt anderen Menschen Gutes tun und ihnen eine Freude bereiten – welche Ideen habt ihr?

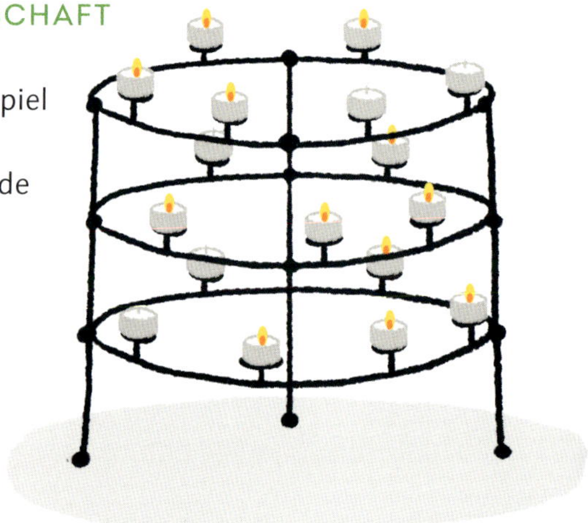

Ihr seid das Volk (GL 483)

Kehrvers: Halleluja, Hallelu, Halleluja, Halleluja, Halleluja
Halleluja, Hallelu, Halleluja, Halleluja, Halleluja

Ihr seid das Volk, das der Herr sich ausersehn.
Seid eines Sinnes und Geistes.
Ihr seid getauft durch den Geist zu einem Leib. Halleluja, Halleluja!
Kehrvers

Ihr seid das Licht in der Dunkelheit der Welt,
ihr seid das Salz für die Erde.
Denen, die suchen, macht hell den schweren Weg. Halleluja, Halleluja!
Kehrvers

Über den QR-Code gelangt ihr zu einer Version des Liedes, sodass ihr es hören und gleich mitsingen könnt.

Wir sind mit Jesus in Gemeinschaft, das heißt in »Kommunion«. Dies gilt für unser ganzes Leben. Als Einzelne und als Familie sind wir Teil der großen Gemeinschaft Kirche. Die Gemeinschaft mit anderen Christ:innen hilft uns, nach dem Evangelium Jesu zu leben und unseren Alltag in seinem Geist zu gestalten.

Wenn ihr aufhört, könnt ihr euch *gegenseitig segnen* – mit einem Kreuzzeichen auf die Stirn oder indem ihr euch nacheinander die Hand auf den Kopf legt:

»Gott beschütze dich:
Im Namen des Vaters und des Sohnes
und des Heiligen Geistes.«

GEMEINSAM WELT GESTALTEN

Bevor ihr eure gemeinsame Zeit startet, beginnt in folgender Weise:

- Zündet eine Kerze an und schaut in das Licht.
- Kommt zur Ruhe, indem ihr ein paar Mal ein- und ausatmet.

- Was gefällt euch an diesem Bild?
- Was will dieses Bild euch sagen?

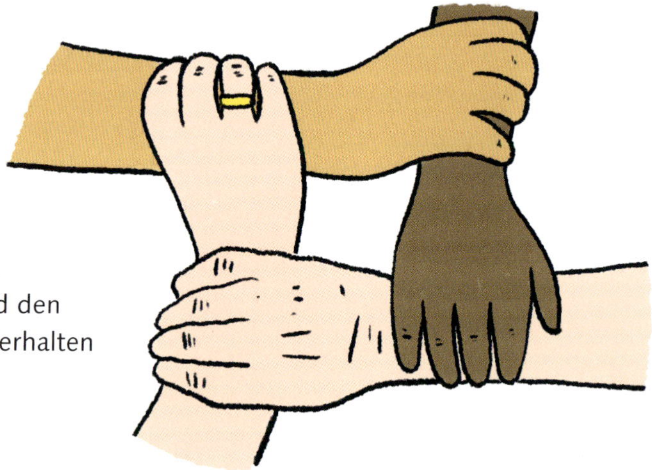

Wenn wir uns im Alltag gegenseitig freundlich anstrahlen oder uns missmutig oder gar zornig angiften, verändert sich die Stimmung unter uns.

Die Atmosphäre, das »Klima« zwischen uns und den anderen, hat immer auch mit unserem eigenen Verhalten und unserer eigenen Ausstrahlung zu tun.

zu anderen Als Freund:innen von Jesus Christus können wir zuversichtlich und froh leben. Weil Jesus Christus bei uns ist, können wir Zuversicht und Freude spüren. So meistern wir auch schwierige Situationen.
Dabei geht es um mehr als nur Höflichkeit im Alltag. Durch Gottvertrauen, Hoffnung und Liebe können wir eine gute Stimmung und das Miteinander prägen.

zu Gott und zu Jesus Christ:innen orientieren sich am Evangelium Jesu Christi:

- Wir gehören zu Gott, der uns wie ein barmherziger Vater liebt.
- Wir vertrauen auf Gott, der uns wie ein guter Freund begleitet, auch wenn es dunkel wird.
- Wir öffnen uns dem Geist Gottes, der uns zum Guten leitet und zum Leben führt, auch über den Tod hinaus.
- Wir übernehmen Verantwortung für unsere Umwelt und für die Tiere. Denn die Erde ist uns – so sind wir überzeugt – von Gott als kostbares und zerbrechliches Geschenk anvertraut.

Wir können uns in der Familie Gedanken dazu machen und bereden:

- Wie können wir anderen Menschen – in der Nähe wie in der Ferne – herzlich und hilfreich begegnen?
- Wie können wir Anteilnahme und Wohlwollen ausdrücken?
- Durch welche Worte oder Taten können wir an unserem Lebensort ein Zeichen unserer Hoffnung und unseres Lebensmutes setzen?
- Wie können wir in unserer Familie oder Gemeinde einen aktiven Beitrag zur Bewahrung der Schöpfung und für den Schutz des Klimas leisten?

»Wenn ich wüsste, dass morgen die Welt unterginge, würde ich heute noch ein Apfelbäumchen pflanzen.«

Martin Luther

Wie könnt ihr euch mit anderen Kindern verbünden und ihnen weiterhelfen? Vielleicht könnt ihr …

- Klassenkamerad:innen die Hausaufgaben erklären.
- von euren Spielsachen oder anderen Dingen Kindern etwas abgeben, die in Not sind.
- Kinder, die ausgeschlossen werden, zum Spielen einladen.
- bei einem Aktionstag zum Umweltschutz oder ähnlichen Projekten mitmachen.
- einen Baum oder eine Pflanze setzen oder Blumensamen aussäen.
- eine Kerze verzieren und an Menschen verschenken, denen ihr damit eine Freude bereiten wollt.

Motive und eine Anleitung zum Kerzenverzieren findet ihr direkt über diesen QR-Code.

Brot, das die Hoffnung nährt (GL 378)

Brot, das die Hoffnung nährt,
Freude, die der Trauer wehrt,
Lied, das die Welt umkreist, das die Welt umkreist.
Wolke, die die Feinde stört,
Ohr, das von Rettung hört.
Lied, das die Welt umkreist, das die Welt umkreist.

Wort, das das Schweigen bricht,
Trank, der die Brände löscht,
Lied, das die Welt umkreist, das die Welt umkreist.
Regen, der die Wüsten tränkt,
Kind, das die Großen lenkt,
Lied, das die Welt umkreist, das die Welt umkreist.

Kraft, die die Lahmen stützt,
Hand, die die Schwachen schützt.
Lied, das die Welt umkreist, das die Welt umkreist.
Brot, das sich selbst verteilt,
Hilfe, die zu Hilfe eilt,
Lied, das die Welt umkreist, das die Welt umkreist.

Über den QR-Code gelangt ihr zu einer Version des Liedes, sodass ihr es hören und gleich mitsingen könnt.

Ihr seid Salz der Erde und Licht der Welt

»Jesus begann zu reden und lehrte die Menschen: ›Ihr seid das Salz für die Welt. Wenn aber das Salz seine Kraft verliert, wodurch kann es sie wiederbekommen? Es ist zu nichts mehr zu gebrauchen. Es wird weggeworfen und die Menschen zertreten es. Ihr seid das Licht für die Welt. Eine Stadt, die auf dem Berg liegt, kann nicht verborgen bleiben. Auch zündet niemand eine Lampe an, um sie dann unter einen Topf zu stellen. Im Gegenteil, man stellt sie auf den Lampenständer, damit sie allen im Haus Licht gibt. Genauso muss auch euer Licht vor den Menschen leuchten. Sie sollen eure guten Taten sehen und euren Vater im Himmel preisen.‹«

(nach Matthäus 5,2 und13-16)

Über den QR-Code gelangt ihr zum Wortlaut der Bibelstelle nach der Einheitsübersetzung.

In fast allen Ländern der Erde leben Christ:innen. Die katholische Kirche ist eine weltweite Gemeinschaft. In jeder Eucharistiefeier sind wir mit Jesus Christus und allen Christ:innen im Glauben verbunden. Jesus und sein Evangelium geben uns die Richtung vor, wie wir als Kirche die Welt gestalten.

Wenn ihr aufhört, könnt ihr euch gegenseitig segnen – mit einem Kreuzzeichen auf die Stirn oder indem ihr euch nacheinander die Hand auf den Kopf legt:

»Gott beschütze dich:
Im Namen des Vaters und des Sohnes
und des Heiligen Geistes.«

Der letzte Abend

Morgen früh geht es nach Hause. Eine seltsame Stimmung liegt in der Luft. Einerseits freuen sich die Kinder wieder auf zu Hause. Andererseits sind alle auch ein wenig traurig, dass die Ferienfreizeit schon zu Ende ist. Die Tage sind wie im Flug vergangen. Sie haben so viele schöne Dinge zusammen erlebt und erfahren. Nach dem Abendbrot zeigt Kathrin ihnen, wie man hübsche Freundschaftsbändchen aus farbiger Wolle herstellt. Sie legt ruhige Musik auf, und jeder soll möglichst alleine an einem Platz sitzen und bei der Auswahl der Farben und Muster an die vergangenen Tage miteinander denken. Matteo findet Basteln zwar eigentlich langweilig, aber diesmal strengt er sich ganz besonders an. Sven meint, er hätte sich so eines schon im Spielzeugladen gekauft, das wäre viel besser, weil es aus Plastik sei und sogar im Dunkeln leuchte. Aber dann merkt er selbst, dass es nicht dasselbe ist, ob man sich ein Band im Spielzeugladen kauft oder für jemanden anderen etwas selbst macht und dabei ganz fest an sie oder ihn denkt. Die Mädchen tun sich da etwas leichter. Aber auch sie haben ihre Schwierigkeiten – sie wollen nämlich ganz besonders schöne und komplizierte Muster flechten. Und so verstreicht die Zeit, und es ist schon dunkel geworden. Paula, Gülçin, Sven und Matteo sind ganz in die Arbeit vertieft. Die meisten Kinder sind schon längst fertig und draußen beim Lagerfeuer. Man kann sie von ferne singen und lachen hören. Sven ist als Letzter fertig. Kathrin hilft ihm am Ende noch ein wenig. Etwas abseits vom Lagerfeuer treffen sich die vier Freunde bei ihrer Lieblingsbank.

MATTEO: »Da bist du ja endlich, ich dachte schon, du kommst gar nicht mehr raus.«
PAULA: »Ich bin schon ganz neugierig, wer für wen ein Bändchen geknüpft hat. Aber Matteo hatte die prima Idee, das erst zu verraten, wenn du auch dabei bist.«
SVEN: »Das ist aber nett von euch. Also, wer fängt an?«
MATTEO: »Ich nicht, meine sind nicht so hübsch geworden. Ich kann einfach nicht so gut flechten.«
GÜLÇIN: »Also, ich konnte mich zuerst gar nicht entscheiden. Zuerst habe ich natürlich eines für Paula gemacht, aber euch beide finde ich auch total nett, deshalb habe ich auch noch eines für Matteo und für Sven gemacht.«
SVEN: »Vielen Dank, Gülçin. Das hätte ich nie gedacht. Ich dachte schon, du magst mich nicht, weil ich doch meistens anderer Meinung bin als du. Also, ich habe auch drei gemacht. Na ja, Kathrin hat mir zum Schluss ein wenig geholfen, sonst säße ich morgen früh noch dran: für dich, Gülçin, für dich, Paula, und natürlich auch eins für Matteo.«
MATTEO: »Ich werd verrückt. Ich habe auch für jeden von euch ein Bändchen gemacht. Nicht schön, aber selten. So was habe ich nämlich noch nie gemacht. Jetzt bist du dran, Paula – zeig doch mal. Ist nicht so schlimm, wenn du nur Gülçin

eins gebastelt hast, dafür ist es bestimmt das schönste von allen.«

PAULA: »Wollte ich auch zuerst, aber dann ist mir noch was Wichtiges eingefallen.«

SVEN: »Jetzt bin ich aber gespannt.«

PAULA: »Eins für dich, eins für dich, eins für dich und eins für Anna, meine Freundin, die nicht mitkommen konnte. Die würde nämlich bestimmt gut zu uns passen. Und eins für Kai, dessen Opa gestorben ist. Wir haben nämlich angefangen, zusammen ein Baumhaus zu bauen. Wenn ihr wollt, könnten wir in den restlichen Ferien doch alle gemeinsam daran bauen.«

Wenn du magst, kannst du die Geschichte von Paula, Gülçin, Matteo und Sven weiterschreiben und hier erste Ideen notieren.

VIEL DUNKLES GIBT ES IM LEBEN.

WENN GOTT AUS DEM TOD RETTET,
WIRD ES LICHT.

OFFEN STEHT DAS TOR
IN DIE NEUE WELT.

MIT PAULA AUF ENTDECKUNGSTOUR – DIE FEIER DER EUCHARISTIE

PAULA

Paula habe ich auf dem Spielplatz kennengelernt. Sie hat mir geholfen, als ich mein Fahrradschloss nicht aufbekam. Seitdem reden wir oft miteinander.

Paula singt im Kinderchor unserer Kirchengemeinde. Sie weiß ziemlich viel vom Glauben. Vieles, was sie wissen will, erklärt ihr Opa Gerd. Der kennt sich aus. Er macht manchmal auch Reparaturen in der Kirche.

Ich rede gerne mit Paula über das, was in der Kirche passiert.

Und manchmal gehen wir zusammen zu ihrem Opa. Der hat gesagt, das Wichtigste am Glauben ist die Gemeinschaft und dass wir Gott immer vertrauen dürfen. Wenn viele Menschen sich regelmäßig zum Beten und Feiern treffen, dann muss keiner das Gefühl haben, einsam zu sein. Alle sind eingeladen, wenn die Glocken zum Gottesdienst läuten!

Seit ich Paula kenne, macht der Kommunionweg noch mehr Spaß. Ich kann mit ihr immer über die Sachen reden, die mich interessieren. Und sie glaubt, wie ich, fest daran, dass Jesus unser Freund ist!

Paula kennt tolle Lieder. Bei meiner Erstkommunion möchte ich unbedingt welche davon singen.

Das Lied »Kommunion« erzählt davon, dass wir in der Eucharistiefeier etwas besonders Wertvolles feiern. Etwas, das Jesus selbst uns geschenkt hat. Er hat seinen Jüngern beim letzten Abendmahl versprochen, dass er immer da sein wird, wenn sie sich an ihn erinnern und Brot und Wein teilen.

Dieses Geheimnis wurde dann von Generation zu Generation weitergegeben. Auch der Opa von Opa Gerd ist damals zur Kommunion gegangen. Und auch dessen Opa ... Spannend, was? – Und heute gehören wir auch schon zu denen, die in dieser großen Gemeinschaft einen festen Platz haben.

Kommunion heißt: Wir feiern Gemeinschaft!

KOMMUNION HEISST: WIR FEIERN GEMEINSCHAFT

Text und Musik: Norbert M. Becker.

Das Lied zum Anhören und Mitsingen findet ihr direkt über diesen QR-Code.

Das Fest beginnt

Musik und Gesang gehören immer dazu, wenn wir die Eucharistie feiern. Opa Gerd sagt, dass früher nur die Orgel spielen durfte. Aber das ist schon lange her. Wenn Paula im Chor singt, dann spielen andere Kinder noch mit Musikinstrumenten. Ich singe die neuen Lieder sehr gerne. Besonders gut klappt das mit dem Singen, wenn die Leute stehen. Dann bekommen sie besser Luft, sagt Paula. Und wenn alle stehen, ist das auch ein Zeichen der Aufmerksamkeit und der Ehrfurcht in der Kirche.

So beginnt dann auch die Feier: Alle stehen, Musik erklingt, und wir singen. Der Priester und die Ministrant:innen kommen in die Kirche.

Sie kommen aus der Sakristei. Das ist ein Extrazimmer, wo sie sich vor der Messe umziehen können. Opa Gerd hat da mal einen Schrank repariert.

Nach einem feierlichen Einzug werden wir bei meiner Erstkommunion alle zusammen ein Lied singen, das uns auf das große Fest vorbereitet. Beim Singen können alle in der Gemeinde mitmachen. Dann kann die Feier richtig losgehen.

Das Kreuzzeichen

Das Kreuzzeichen, das wir jetzt zusammen machen, erinnert uns an unsere Taufe: **»Im Namen des Vaters und des Sohnes und des Heiligen Geistes«** sind wir gesegnet.

Mit jedem Kreuzzeichen erinnern wir uns an dieses Geschenk, das wir von Gott bekommen haben.

HEUTE FEIERN WIR EIN GROSSES FEST

Lied zur Eröffnung. Text und Musik: Norbert M. Becker.

Das Lied zum Anhören und Mitsingen findet ihr direkt über diesen QR-Code.

Gott um Erbarmen bitten
»Kyrie eleison« – »Herr, erbarme dich«

Es gibt auch eine kurze Zeit zum Nachdenken. »Besinnung« nennen wir das. Dieser stille Augenblick soll uns helfen, all das nicht zu vergessen, was vielleicht nicht so toll war oder was schiefgegangen ist in unserem Leben. Manchmal sind wir ja auch selbst schuld, wenn es Ärger gibt …

In der Kommunionvorbereitung habe ich gelernt, dass ich Jesus immer alles erzählen darf, was mich bedrückt. Ihm darf ich auch sagen, wenn ich etwas falsch gemacht habe. Er wird mir bestimmt helfen, dass es beim nächsten Mal besser klappt. Wenn wir Jesus alles gesagt haben, was uns beschäftigt, sind wir ganz bereit und aufmerksam für den Gottesdienst.

Erst hab ich immer gedacht, Jesus sollte nur Mitleid mit uns haben. Aber das stimmt so nicht. Mit diesen Worten bitten wir ihn um seine Kraft. Wir vertrauen uns ihm mit unseren Fehlern und Schwächen an. Wir wissen, dass er ein Herz für uns hat und uns zur Seite steht. Und ich finde es richtig gut, dass das alle tun, auch die Erwachsenen, denn bei denen geht auch mal was schief im Leben.

Wenn früher ein Kaiser in die Stadt kam, riefen die Menschen: »Kyrie eleison!« Das heißt auf Deutsch: »Herr, erbarme dich!« Opa Gerd sagt, damit wollen wir zeigen, dass wir uns freuen, dass Gott bei uns ist und dass jemand so Wichtiges auf uns achtgibt.

Oft singen wir an dieser Stelle im Gottesdienst ein Lied.

DU HAST DAS LICHT IN DIE WELT GEBRACHT

Lied zum Kyrie. Text und Musik: Norbert M. Becker.

Das Lied zum Anhören und Mitsingen findet ihr direkt über diesen QR-Code.

Gott loben und preisen »Gloria Dei« – »Ehre sei Gott«

Gott ist der Grund dafür, dass wir beten, singen und feiern. Wir nehmen uns Zeit für Gott, für uns selbst und füreinander. Auch wenn es uns manchmal schwerfällt oder etwas Schlimmes passiert ist: Wir dürfen fest daran glauben, dass wir in Gottes Liebe einen Platz haben. Deswegen singen wir an Sonn- und Feiertagen in jeder Eucharistiefeier Gott ein Lob.

Das Wort »Gloria« kommt aus der lateinischen Sprache und heißt so viel wie Ruhm und Ehre. Opa Gerd hat uns erklärt, dass das Gloria an den Gesang der Engel erinnert, als sie den Hirten auf dem Feld von der Geburt Jesu berichteten. »Gloria in excelsis deo« hieß das über viele Jahrhunderte im lateinischen Text der Bibel: »Ehre sei Gott in der Höhe.« An Weihnachten haben wir diese Geschichte aus der Bibel als Krippenspiel aufgeführt.

Paula weiß, dass es dabei aber nie bleiben darf. »Wenn du anderen hilfst oder dir Zeit für etwas ganz Wichtiges nimmst, dann gibst du damit Gott die Ehre«, hat sie mal gesagt. Vielleicht hat sie mir deswegen damals so schnell geholfen bei der Sache mit dem Fahrrad?

Heute weiß ich: Wer Gott verehrt, der sollte das auch im Leben beweisen.

Davon erzählt das folgende Lied:

WIR LOBEN DICH, WIR PREISEN DICH

Lied zum Gloria. Text und Musik: Norbert M. Becker.

Das Lied zum Anhören und Mitsingen findet ihr direkt über diesen QR-Code.

DAS TAGESGEBET

In jeder Eucharistiefeier hören wir Gebete, die in einem dicken Buch stehen: dem Messbuch. Das gibt es in allen Sprachen dieser Welt. Wenn die Gemeinde das Lob gesungen hat, trägt der Priester für die ganze Gemeinde ein erstes Gebet vor.

Es heißt »Tagesgebet«, denn es ist extra für einen Tag, ein Fest oder einen besonderen Anlass geschrieben worden. Der Priester spricht den Text feierlich mit ausgebreiteten Armen, und wir antworten mit dem Wort **»Amen«**, das heißt so viel wie: »Wir stimmen zu! So soll es sein!«

DIE LESUNG

Sehr unterschiedliche Texte werden bei der Lesung vorgelesen: Texte aus dem Alten Testament, die von der Liebe Gottes zu den Menschen erzählen; aufregende Geschichten, die durch die Kraft Gottes am Ende doch gut ausgehen. Und Ausschnitte aus Briefen, wie sie zum Beispiel der Apostel Paulus an seine Gemeinden geschrieben hat.

Paula findet es toll, dass sie diesen Namen tragen darf. Sie hat mir mal erzählt, dass Paulus der erste richtige Missionar war! Er hat weite Reisen unternommen, um möglichst vielen Leuten von Jesus zu erzählen!

Jede Lesung endet mit dem Bekenntnis: **»Wort des lebendigen Gottes«**

Darauf antworten wir als Gemeinde: **»Dank sei Gott.«**

HALLELUJA

»Halleluja« ist ein uraltes Wort, mit dem die Menschen Gott loben. Es stammt aus der hebräischen Sprache. Wahrscheinlich hat Jesus selbst es auch gekannt und kräftig mitgesungen, wenn die Gemeinde Gott loben und preisen wollte. »Halleluja« konnte ich schon singen, bevor ich etwas lesen konnte. Im Kindergarten haben wir es geübt.

Heute kenne ich schon mehrere Lieder mit »Halleluja«. Mit diesem fröhlichen Ruf begrüßen wir bei unserem Gottesdienst Jesus noch einmal extra! Denn wir stellen uns vor, dass er in der Botschaft des Evangeliums zu uns spricht.

HALLELUJA SINGEN WIR

Lied zum Halleluja. Text und Musik: Norbert M. Becker.

Das Lied zum Anhören und Mitsingen findet ihr direkt über diesen QR-Code.

DAS EVANGELIUM – »FROHE BOTSCHAFT«

In meiner Kinderbibel habe ich ein Bild entdeckt, auf dem viele Menschen mit Jesus zusammensitzen und ihm zuhören. Das hätte ich auch gerne erlebt. Das war für die Leute bestimmt total spannend.

Paula und ich wissen, dass Jesus viele Geschichten kannte. Die hat er den Leuten erzählt und sie damit zum Nachdenken gebracht. Opa Gerd sagt übrigens immer, dass es auf der Welt noch viel schöner wäre, wenn alle Leute immer zuerst nachdenken würden über das, was sie sagen und tun.

Vieles, was Jesus gesagt und getan hat, wissen wir nur deswegen, weil andere es aufgeschrieben haben. Das war ihnen so wichtig, dass sie es nicht vergessen wollten. Und weil die das damals aufgeschrieben haben, können wir es heute noch nachlesen. So wissen wir, was die Menschen mit Jesus erlebt haben.

Von Paula weiß ich, dass die Geschichten alle übersetzt werden mussten. Sie waren erst in griechischer und später in lateinischer Sprache aufgeschrieben. Toll, dass es Leute gibt, die so etwas können!

»Evangelium« heißt übersetzt »Frohe Botschaft«, und in einer Eucharistiefeier werden diese Worte von einem Diakon oder Priester vorgelesen. Das ist deren besondere Aufgabe. Wir bleiben nach dem Halleluja-Gesang einfach stehen und hören aufmerksam zu: Denn es ist fast so, wie wenn Jesus selbst zu uns sprechen würde!

Der Priester oder Diakon geht zum Vorlesepult (Ambo) und spricht: **»Der Herr sei mit euch.«**

Wir antworten: **»Und mit deinem Geiste.«**

Der Priester oder Diakon bezeichnet das Buch und sich selbst auf Stirn, Mund und Brust mit dem Kreuzzeichen und spricht dazu: **»Aus dem heiligen Evangelium nach ...«**

Die Gemeinde bezeichnet sich ebenfalls auf Stirn, Mund und Brust mit dem Kreuzzeichen und antwortet: **»Ehre sei dir, o Herr.«**

Nach dem Evangelium endet der Priester oder Diakon mit den Worten:

»Evangelium unseres Herrn Jesus Christus.«

Wir antworten: **»Lob sei dir, Christus.«**

DIE PREDIGT

Zur Predigt dürfen wir uns alle wieder hinsetzen. Das ist bequemer, und wir können besser zuhören. Wer predigt, macht sich davor viele Gedanken. Wir erfahren dann mit neuen Worten, was uns Jesus heute sagen will. Vor ein paar Wochen durften wir Kinder auch etwas sagen. Der Pfarrer hat einfach nach unserer Meinung gefragt; das fand ich stark!

Und weil Paula sich getraut hat, eine Antwort zu geben, hatte ich auch den Mut dazu. Es war ganz schön aufregend, in das Mikrofon zu sprechen. Aber der Priester ist manchmal auch aufgeregt. Das weiß Paula von Opa Gerd.

DAS GLAUBENSBEKENNTNIS »CREDO« – »ICH GLAUBE«

Paula weiß von Opa Gerd, dass es bei den Christen früher oft Streit gab: Jeder hatte eine andere Meinung, wie man sich Gott vorstellen sollte. Gott können wir nicht sehen. Aber wir können spüren, dass er da ist. Opa Gerd hat uns erzählt, dass vor vielen Hundert Jahren die Menschen aufgeschrieben haben, an was sie glauben. Diese Worte beten wir heute als »Glaubensbekenntnis«: Wir sagen laut und öffentlich, dass wir an Gott glauben. Damit zeigen wir auch, dass wir Christ:innen zusammengehören.

Wir beten gemeinsam:

»Ich glaube an Gott,
den Vater, den Allmächtigen,
den Schöpfer des Himmels und der Erde.
Und an Jesus Christus,
seinen eingeborenen Sohn, unsern Herrn,
empfangen durch den Heiligen Geist,
geboren von der Jungfrau Maria,
gelitten unter Pontius Pilatus,
gekreuzigt, gestorben und begraben,
hinabgestiegen in das Reich des Todes,
am dritten Tage auferstanden von den Toten,
aufgefahren in den Himmel;
er sitzt zur Rechten Gottes,
des allmächtigen Vaters;
von dort wird er kommen,
zu richten die Lebenden und die Toten.
Ich glaube an den Heiligen Geist,
die heilige katholische Kirche,
Gemeinschaft der Heiligen,
Vergebung der Sünden,
Auferstehung der Toten
und das ewige Leben.
Amen.«

Die Fürbitten

Wenn wir in der Kommuniongruppe zusammen beten, dann dauert es immer eine Weile, bis alle still sind. Aber dann kann ich richtig spüren, dass alle bei der Sache sind. Letzte Woche hat Benni erzählt, dass sein kleiner Bruder gestürzt ist und sich sehr wehgetan hat. Er musste sogar ins Krankenhaus. Da haben wir alle fest an den kleinen Thomas gedacht. Die Gruppenleiterin, Frau Berger, hat dann ganz ruhig ein Gebet gesprochen, und ich hatte das Gefühl, dass wir damit ein bisschen helfen konnten beim Gesundwerden.

Genau so etwas machen wir auch in der Eucharistiefeier. Wir nennen diese Gebete Fürbitten. Paula hat mir auch schon ein Buch gezeigt, wo Kirchenbesucher:innen eigene Gebete reinschreiben können. Es liegt in einer Seitenkapelle versteckt. »Damit nicht jeder neugierig schaut, wenn ein anderer sein Gebet schreibt«, sagt Paula. »Beten ist manchmal auch etwas sehr Persönliches.«

Einmal in der Woche liest der Pfarrer beim Gottesdienst aus dem Buch vor und bittet die Gemeinde, mit ihm in all diesen Anliegen zu beten. Ich finde das gar nicht so schlecht. Die Sorgen anderer Leute sollen uns eben nicht egal sein.

In unserem Erstkommunion-Gottesdienst darf ich auch eine Fürbitte vorlesen. Hoffentlich mache ich keinen Fehler!

Paula sagt, ich soll keine Angst haben. Sie hat mir schon fest versprochen, dass sie mit mir üben wird. Wir spielen das dann vorher durch, hinterm Haus, im Schuppen.

Jedes Mal, wenn eines von uns Kindern eine Bitte vorgelesen hat, singen alle ein kleines Lied, das das Gebet unterstreicht. Das Lied erzählt davon, dass wir fest an Gottes Hilfe glauben. Paula sagt: »Wir können Gott helfen. Er wird uns bestimmt die Kraft geben, etwas zu verändern und anderen zu helfen!«

HÖRE UNSER GEBET, GUTER GOTT

Liedruf zu den Fürbitten. Text und Musik: Norbert M. Becker.

Das Lied zum Anhören und Mitsingen findet ihr direkt über diesen QR-Code.

Die Gaben: Brot und Wein

Im Gottesdienst denken wir daran, dass Jesus am Kreuz gestorben und an Ostern vom Tod auferstanden ist. Gott hat ihn nicht im Tod gelassen. So sind wir Menschen ebenfalls vom Tod befreit.

Paula sagt, dass alle Menschen, die schon gestorben sind, in unserem Herzen weiterleben. Opa Gerd zum Beispiel denkt immer an Oma Monika. Die ist vor zwei Jahren gestorben, aber Opa Gerd erzählt immer ganz viel von ihr. Paula hat auch noch einen Schal, den ihre Oma mal für sie gestrickt hat; sie wird ihre Oma nie vergessen.

Beim letzten Abendmahl hat Jesus auch ein Zeichen gesetzt, damit seine Freundinnen und Freunde sich immer an ihn erinnern: Er hat mit ihnen Brot und Wein geteilt, gegessen und getrunken. Es war damals ein Fest, an das wir uns auch heute noch erinnern.

Im Gottesdienst werden Brot und Wein von den Ministrant:innen zum Altar gebracht. Das Brot sieht komisch aus – gar nicht wie das vom Bäcker. Opa Gerd hat uns erzählt, dass die kleinen Brotscheiben extra in einem Kloster gebacken werden. »Hostien« nennen wir sie, auch der Wein kommt von einem besonderen Winzer.

Im Kommunionunterricht haben wir ein Mahl mit Traubensaft und richtigem Brot gehalten. Das Brot haben wir vorher selbst gemacht: Wir haben Getreide gekauft, die Körner mit Steinen gemahlen und anschließend das Brot in einem Ofen gebacken. Paula hat mir erklärt, dass das Brot ein Zeichen ist. Es zeigt uns, dass wir Menschen viel von Gott geschenkt bekommen, aber auch etwas dafür tun müssen. Die Ähren wachsen von alleine, aber damit man ein Brot daraus backen kann, müssen wir uns selbst anstrengen.

Auch wenn ich noch nicht alles verstehe, eins weiß ich: In den Gaben von Brot und Wein ist Gott uns ganz nahe!

WIR BRINGEN DAS BROT, WIR BRINGEN DEN WEIN

Lied zur Gabenbereitung. Text und Musik: Norbert M. Becker.

Das Lied zum Anhören und Mitsingen findet ihr direkt über diesen QR-Code.

Das Gabengebet

Wenn Brot und Wein auf dem Altar stehen, spricht der Priester wieder ein Gebet. Er dankt dafür, dass wir Menschen durch Gottes Hilfe etwas zu essen haben und dass wir gemeinsam feiern dürfen.

Als ich mal bei Paula zu Hause war, haben wir auch vor dem Essen gebetet. Paulas Mama hat damals für uns alle gesprochen. Und ich hatte ein gutes Gefühl, vor dem Essen »Danke!« zu sagen.

Das Hochgebet

Jetzt kommt ein ganz schön langes Gebet – das »Hochgebet«. Am Anfang stehen wir, und dann knien wir uns hin. Früher kam mir an dieser Stelle der Gottesdienst immer ziemlich langweilig vor. Aber Paula hat mir erklärt, was in diesem Gebet alles passiert. Jetzt höre ich immer aufmerksam zu.

Manchmal dürfen wir beim Hochgebet mit dem Priester in einem großen Kreis um den Altar stehen. Das ist toll, denn dann sehen wir genau, was er macht, und wir können gut zuhören.

Am Anfang des »Hochgebets« gibt es folgenden Dialog zwischen Priester und Gemeinde:

Pfarrer: »Der Herr sei mit euch.«
Gemeinde: »Und mit deinem Geiste.«
Pfarrer: »Erhebet die Herzen.«
Gemeinde: »Wir haben sie beim Herrn.«
Pfarrer: »Lasset uns danken dem Herrn, unserm Gott.«
Gemeinde: »Das ist würdig und recht.«

DU BIST SO FERN, DU BIST SO NAH

Lied zur Gabenbereitung. Text und Musik: Norbert M. Becker.

Das Lied zum Anhören und Mitsingen findet ihr direkt über diesen QR-Code.

»Heilig, heilig, heilig« – »Sanctus«

Opa Gerd sagt immer: »Wer singt, betet doppelt!« Und das stimmt: Immer, wenn es im Gottesdienst besonders wichtig wird, singen wir zusammen.

Es gibt Gebete und Lieder mit einer sehr langen Geschichte. Viele Generationen vor unserer Zeit wurden sie schon gesprochen oder gesungen. Wenn ich daran denke, bekomme ich immer ein ganz tolles Gefühl: Wir haben etwas geerbt über viele Hundert Jahre hinweg!

Die Sache mit dem »Heilig« hat Opa Gerd gleich gewusst, als wir ihn gefragt haben. In der Bibel wird eine Vision erzählt, wo Engel vor Gott stehen und ihm »heilig, heilig, heilig« zurufen.

Das haben sich die Leute zum Vorbild genommen und die Worte für den Gottesdienst genutzt. Sie wollten Gott genauso ehren, wie sie es in der Heiligen Schrift gelernt hatten.

Nach dem Lied knien wir uns hin. Opa Gerd hat uns erzählt, dass er damals auch vor Oma Monika gekniet hat: Als er sie gefragt hat, ob sie ihn heiraten möchte. Ganz schön romantisch, was?

Wer sich hinkniet, macht sich klein und zeigt damit, dass der andere in diesem Moment viel wichtiger ist.

Von Paula weiß ich, dass das Hochgebet etwas besonders Wichtiges ist. Der Priester erzählt nämlich, wie Jesus das letzte Abendmahl gefeiert hat. Er spricht die Worte, die Jesus damals gesagt hat. Danach betet er, dass Gott auch in Zukunft bei uns sein soll.

Im Hochgebet beten wir für alle Menschen. Auch für die Menschen, die schon gestorben sind. Vor ein paar Wochen haben wir für Paulas Oma gebetet.

Opa Gerd hat gesagt, dass er keine Angst vor dem Tod hat, weil Gott dafür gesorgt hat, dass der Tod nicht das Ende ist. An Ostern hat er Jesus auferweckt. Die Freunde von Jesus haben verstanden, dass seine Kreuzigung nicht das Ende war. Das feiern wir noch heute in jedem Gottesdienst.

HEILIG

Lied zum Sanctus. Text und Musik: Norbert M. Becker.

Das Lied zum Anhören und Mitsingen findet ihr direkt über diesen QR-Code.

Vaterunser

Damals haben die Menschen Jesus gefragt, wie man denn beten soll. Jesus hat dann das »Vaterunser« gebetet. Das steht so in der Bibel – Paula hat es mir mal gezeigt. Ist doch super, dass wir genauso beten, wie Jesus das damals auch getan hat. Opa Gerd hat gesagt, es ist wichtiger, einmal ganz bei der Sache zu sein als viele Worte zu machen. Wenn wir mit Gott sprechen, brauchen wir gar nicht alles ganz genau aufzuzählen. Gott kennt uns ja genau. Es reicht, wenn wir das »Vaterunser« gemeinsam beten, damit ist eigentlich alles gesagt. Das »Vaterunser« habe ich schon im Kindergarten gelernt.

»Vater unser im Himmel,
geheiligt werde Dein Name.
Dein Reich komme.
Dein Wille geschehe,
wie im Himmel so auf Erden.
Unser tägliches Brot gibt uns heute
und vergib uns unsere Schuld,
wie auch wir vergeben unsern Schuldigern.
Und führe uns nicht in Versuchung,
sondern erlöse uns von dem Bösen.
Denn Dein ist das Reich und die Kraft
und die Herrlichkeit in Ewigkeit.
Amen.«

Der Friedensgruss

Fast jeden Tag hören wir von Krieg und Gewalt. Fast jeden Tag hören wir von Menschen, denen schlimme Sachen passieren. Manchmal gibt es das auch in unserer Umgebung. Noch vor Kurzem gab es Streit in unserer Klasse. Das hat mich sehr traurig gemacht.

Gott möchte aber, dass wir in Frieden miteinander leben. Von Jesus wissen wir, dass er seinen Freundinnen und Freunden oft den Frieden gewünscht hat. Das haben die Jünger sich damals gut gemerkt und deswegen seinen Gruß beibehalten. Deswegen tun wir das auch in der Eucharistiefeier.

Vom Altar aus erinnert der Priester an Gedanken der Versöhnung und des Friedens, und dann wünscht er der Gemeinde den Frieden. Sein Wunsch ist ein Wunsch im Auftrag Jesu: **»Der Friede des Herrn sei mit euch.«** Darauf antworten wir: **»Und mit deinem Geiste.«** Alle sind eingeladen, sich ein Zeichen des Friedens zu geben. Wenn Menschen sich den Frieden wünschen, zeigen sie, dass sie sich achten und zueinander gehören.

Ich freue mich schon riesig darauf, wenn ich am Tag meiner Erstkommunion von unserem Pfarrer den Friedensgruß bekomme und dann zu meiner Familie gehen darf. Ich habe schon mit Paula überlegt, was ich ihnen Schönes sagen könnte, damit sie sich freuen. Und vorher werden wir zusammen ein Lied singen!

WIR REICHEN UNS DIE HÄNDE

2-stimmiger Kanon zum Friedensgruß. Text und Musik: Norbert M. Becker.

Das Lied zum Anhören und Mitsingen findet ihr direkt über diesen QR-Code.

Lamm Gottes – »Agnus Dei«

In der Schule haben wir gehört, wie Jesus damals verhaftet wurde. Obwohl er vorher gewusst hat, dass man ihn gefangen nehmen wollte, ist er nicht weggerannt. Ganz schön mutig. Aber er hat bestimmt gewusst, dass er nur so erreicht, dass alle Menschen auf der Welt noch heute von ihm erzählen.

Paula hat gesagt, das hat er nur für uns gemacht. Für uns Menschen ist er gestorben. Fast wie damals ein Opferlamm im Tempel. Da wurden nämlich Lämmer geschlachtet, weil die Menschen Gott mit diesen Tieren etwas besonders Wertvolles schenken wollten.

Deshalb beten oder singen wir heute noch einen ganz alten Text:

»Lamm Gottes, du nimmst hinweg die Sünde der Welt, erbarme dich unser.

Lamm Gottes, du nimmst hinweg die Sünde der Welt, erbarme dich unser.

Lamm Gottes, du nimmst hinweg die Sünde der Welt, gib uns deinen Frieden.«

Auch wenn wir manchmal etwas falsch machen: Jesus ist trotzdem unser Freund. Nachdem wir uns im Friedensgruß die Hand gegeben haben, singen wir jetzt ein Lied, weil Jesus alles wegnimmt, was uns bedrückt.

LAMM GOTTES

Lied zum Agnus Dei. Text: Liturgie. Musik: Norbert M. Becker.

Das Lied zum Anhören und Mitsingen findet ihr direkt über diesen QR-Code.

»Herr, ich bin nicht würdig …«

Nach dem Lied zeigt der Priester der Gemeinde noch einmal das heilige Brot, und wir erinnern uns daran, wie groß die Kraft Jesu auch heute noch ist, um das Leben zum Guten zu wandeln. Es gibt Leute, die machen mehr für andere, als sie müssen. Sie helfen und tun Gutes, ohne daran etwas zu verdienen. Jesus hat auch so gehandelt. Er hat gelehrt, geholfen, geheilt, getröstet … und manchmal hat er auch in einem Wunder bewiesen, wie großzügig und stark Gott ist.

An so ein Wunder erinnern wir uns in jeder Eucharistie-Feier. Paula hat mich darauf aufmerksam gemacht. Früher habe ich die Worte nur so mitgesprochen. Jetzt weiß ich, woher sie kommen: Ein Hauptmann hat Jesus damals gebeten, seinen kranken Diener zu heilen. Und der Glaube von diesem Mann war so groß, dass er zu Jesus sagte: »Herr, ich bin es nicht wert, dass du mein Haus betrittst; aber sprich nur ein Wort, dann wird mein Diener gesund.« Daraufhin war der Diener wieder gesund. So ist das im Evangelium nach Lukas und Matthäus aufgeschrieben.

Im Gottesdienst beten wir bis heute ähnlich: **»Herr, ich bin nicht würdig, dass du eingehst unter mein Dach, aber sprich nur ein Wort, so wird meine Seele gesund.«**

DIE KOMMUNION

Jetzt ist es endlich so weit: Das heilige Brot wird ausgeteilt. Wir dürfen wie alle anderen die Hände ausstrecken. Es ist bestimmt ein tolles Gefühl, wenn ich weiß, dass Jesus mir ganz nahe ist. Ich werde ihm in Gedanken alles erzählen, was mir wichtig ist. Ich hab mir auch schon überlegt, dass ich für ein paar Sachen »Danke« sagen werde, zum Beispiel dafür, dass ich Paula kennengelernt habe.

Bei der Kommunionausteilung wird mir die Hostie in die Hand gelegt mit den Worten: »Der Leib Christi.«

Darauf antworte ich: »Amen.«

Das Dankgebet

Am Ende des Gottesdienstes spricht der Priester ein feierliches Gebet. Darin sagt er »Danke« für unser gemeinsames Mahl und unsere Feier. Außerdem fasst er alles zusammen, wofür wir während der Kommunion gebetet haben und woran wir gedacht haben.

Danke!

Wenn ein Fest zu Ende geht, sollte man »Danke« sagen. Natürlich allen, die mitgeholfen haben, aber vor allem den Gastgeber:innen. Im Gottesdienst hat Gott uns eingeladen, und weil wir Zeit mit ihm verbracht haben, haben wir ihn auch etwas besser kennengelernt.

Paula kenne ich jetzt auch schon ziemlich gut, denn wir haben schon viel miteinander unternommen. Wir verstehen uns blind und denken oft an die gleichen Dinge. Das fühle ich.

Und ich weiß, dass ich mich auf sie verlassen kann, denn sie hat mir schon oft geholfen, ohne etwas dafür zu verlangen. Wie damals, als ich mein Fahrradschloss nicht aufbekommen habe.

Auch Gott habe ich besser kennengelernt. Ich habe schon viele Geschichten von ihm gehört. Und ich habe schon oft im Gottesdienst gebetet. Natürlich ist nicht immer alles in Erfüllung gegangen, worum ich ihn gebeten habe. Aber ich weiß, dass er alles gehört hat und dass er weiß, was mich beschäftigt. Und das macht mir Mut, weil ich nicht alleine bin.

JESUS, WIR DANKEN DIR

Danklied Text und Musik: Norbert M. Becker.

Das Lied zum Anhören und Mitsingen findet ihr direkt über diesen QR-Code.

Gesegnet werden – gesegnet sein

Opa Gerd sagte einmal: »Gottesdienst ist wie ein Geschenk. Man muss nichts dafür tun, und Gott gibt einem ein bisschen Kraft. Er begleitet uns auch, wenn wir nicht mehr in der Kirche sind.« Opa Gerd denkt oft an Gott. Er betet morgens, schickt manchmal ein Stoßgebet in den Himmel und dankt Gott abends vor dem Schlafengehen für alles, was er erlebt hat.

Paula sagt, Gottesdienst ist mehr als ein Kinofilm. Wenn wir zum Beispiel aus dem Kino kommen, reden wir über den Film, und schon bald haben wir die Handlung vergessen. Unser Alltag ist wieder wichtiger. Paula hat mir erklärt, dass alles, was wir im Gottesdienst feiern, auch für unser Leben wichtig ist.

Am Ende des Gottesdienstes werden wir deshalb gesegnet. Bevor der Priester den Segen spricht sagt er: **»Der Herr sei mit euch.«**

Und wir antworten: **»Und mit deinem Geiste.«**

Nach dem Segen sendet er die Gemeinde und sagt: **»Gehet hin in Frieden.«**

Wir antworten: **»Dank sei Gott, dem Herrn.«**

Der Segen ist ein Zeichen dafür, dass wir auch im Alltag mit Jesus verbunden sind und auch untereinander. Wenn ich in der Schule bin, spiele ich oft mit den Kindern aus der Parallelklasse, weil sie auch im Kinderchor sind. Irgendwie gehören wir zusammen, ... ein gutes Gefühl! Davon erzählt auch das nächste Lied.

GESEGNET UND BESCHENKT

Schlusslied. Text und Musik: Norbert M. Becker.

Das Lied zum Anhören und Mitsingen findet ihr direkt über diesen QR-Code.

MEIN KOMMUNIONWEG

Kommunion ist ein wunderbares Fest. Wir sind miteinander,
mit Jesus und mit Gott unterwegs: ein Grund zu feiern!

- Klebe hier Fotos von deiner Feier ein. Vielleicht auch die Gästeliste, die Speisekarte ...
- Was ist deine und eure schönste Erinnerung an diesen Tag?
- Wie habt ihr diesen Tag gestaltet und erlebt?

MEINE FEIERLICHE ERSTKOMMUNION

fand statt am ______

in der Kirche ______

______

Motto des Gottesdienstes ______

______

mit dem Evangelium ______

mit folgenden Liedern ______

______

______

______

Hier kannst du Gott Danke sagen:

GUTER GOTT

SUCHE NACH DEM GEHEIMNIS UNSERES LEBENS.

EIN SCHATZ ZEIGT SICH.

LICHT, DAS UNS AUFLEUCHTET
IN DER SEHNSUCHT NACH LEBEN.

GOTTES LIEBE IST DER SCHATZ
UNSERES LEBENS.

BERÜHRUNGEN MIT GOTT

Eltern, Beziehungspersonen und Kinder können auf dem Kommunionweg viel vom Geheimnis des Glaubens verstehen, indem sie sich mit offenen Herzen und wachen Sinnen auf die Gemeinschaft untereinander und die Beziehung mit Gott einlassen.

DER INNERSTE RAUM

zumirselbst Alle Menschen haben eine innere Mitte. In jedem Menschen gibt es einen innersten Raum, einen ganz persönlichen, intimen Bereich, zu dem nur Gott Zutritt hat. Aber viele Menschen ignorieren das Vorhandensein dieses innersten Raumes und fürchten dort nur Leere. Selbst die tiefste menschliche Liebe dringt niemals in diesen Bereich vor. Gott ist es, der diesen Raum ausfüllen will. Er wohnt noch tiefer als unser Gewissen und unsere Träume.

Vielleicht kennen Sie dieses innerste Gefühl in sich und das tiefe Wissen in Ihrem Innern, dass es einen Gefährten gibt, der uns von Geburt an begleitet. In den Tiefen unserer Person, in diesem intimsten Bereich ist der Raum, in dem Gott wohnt. Gott ist immer schon da in unserem Leben. Dieser innerste Raum füllt sich immer dann ein wenig mehr, wenn wir uns bewusst auf die Beziehung zu Gott einlassen. Auch in unserem Alltag ist dafür Raum und Zeit. Die Beziehung Gottes mit uns wird uns umso bewusster, je mehr wir uns öffnen und versuchen, mit dem Herzen zu sehen, zu hören und zu handeln.

Überlegen Sie miteinander in der Familie, wie Sie Ihren Alltag bewusst so gestalten können, dass Zeit und Raum entsteht für Stille, Betrachtung, Staunen, Achtsamkeit, Inspiration und Irritation durch die Heilige Schrift sowie das Gebet.

BEGEGNUNG MIT GOTT IN JESUS CHRISTUS

zu Gott und zu Jesus Sie als Eltern und Beziehungspersonen können mit Ihrem Kind während des Kommunionweges die Symbole Ihrer Kirche tiefer verstehen und kennenlernen: den Altartisch, die Kerzen, den Tabernakel (Aufbewahrungsort für das eucharistische Brot), das Kreuz, den Ambo (Vorlesepult). In Eucharistiefeiern und anderen Gottesdienstformen, sowohl im Kreis Ihrer Gruppe als auch in der Gemeinschaft der ganzen Gemeinde, können Sie Schritt für Schritt die Vielfalt feierlicher Rituale und Symbole von innen heraus verstehen lernen. Sie können die Stille einer Kirche erfahren. Minuten des Schweigens und der Ruhe im Gottesdienst sind wesentliche Elemente einer Hinführung zum Geheimnis Gottes. Dies ist heute umso wichtiger, als die Beschleunigung unseres Alltags immer mehr einen Gegenpol der Ruhe benötigt. Es tut ganz einfach gut, mit Langsamkeit in die Vollzüge der Gottesdienste hineinzugehen und dabei eine andere Dimension unseres Lebens zu spüren. Insbesondere die Eucharistiefeier ist eine Zeit der Begegnung mit Jesus Christus: Begegnung im Wort und in Zeichen, in gemeinsamen Gesten und Riten, in Gebeten und Gesängen, im Dank und im Lobpreis.

Als Eltern und Beziehungspersonen entscheiden Sie wesentlich mit, ob Ihr Kind die Erfahrung mit der Eucharistie-Feier immer wieder machen kann oder nicht. Die Gestaltung des Sonntags hängt davon ab, was Ihnen für sich selbst und für Ihr Kind wichtig ist. Sie finden in diesem Buch die Geschichte von Paula. Eine Geschichte, die Ihnen helfen kann, gemeinsam das Geheimnis der Eucharistie-Feier noch genauer zu verstehen (Seite 110–139).

LEBEN IN DER GOTTESBEZIEHUNG DEUTEN UND FEIERN – DAS KIRCHENJAHR

zur Zeit

Geheimnisse entdecken wir Menschen nicht nur, wenn wir über sie sprechen. Geheimnisse können wir im eigenen Leben erfahren und erspüren. Manche Geheimnisse können wir am besten verstehen, wenn wir sie immer wieder feiern. Das Kirchenjahr mit seinem vielfältigen Brauchtum hilft uns dabei als Familie und vernetzt uns mit der Gemeinschaft aller Glaubenden in unserer Gemeinde und auf der ganzen Welt. Hier finden wir einen heilsamen Halt und Orientierung inmitten der vielfältigen Herausforderungen unseres Familienlebens. (Im Download finden Sie dazu einige Anregungen.)

Als Familie die Feste im Jahreskreis neu verstehen. Eine Übersicht dazu gibt es direkt über diesen QR-Code.

MIT GOTT NEU ANFANGEN – UMKEHR UND VERSÖHNUNG

Liebe Eltern und Beziehungspersonen,

es gibt immer wieder Situationen, in denen wir uns selbst und andere beschädigen. Im Umgang mit der Natur, im Umgang miteinander und im Umgang mit uns selbst sind immer wieder Veränderungen dran.

Mit Kindern über Umkehr und Neubeginn nachzudenken und sie im Sakrament der Versöhnung dies erleben zu lassen, meint nicht, ihnen Sündenängste einzureden. Kinder haben selbst ein Gespür dafür, die eigenen egoistischen und manchmal auch destruktiven Verhaltensweisen zu überdenken.

Sie können Ihren Kindern viel Gutes tun, wenn Sie immer wieder gemeinsam mit ihnen darüber nachdenken, was richtig oder falsch, was gut oder böse ist.

Kinder lernen bei der Vorbereitung auf das Sakrament der Versöhnung auch, mit den eigenen Schattenseiten umzugehen. Sie machen die Erfahrung, dass man über eigene Fehler sprechen kann und Gott uns Vergebung zusagt und Veränderung zutraut.

Umkehr und Vergebung können dem Leben in Ihrer Familie guttun.

Sie können in regelmäßigen Abständen darüber nachdenken:

- Wie gehen wir miteinander um?
- Warum gibt es immer wieder unnötigen Streit?
- Wer drückt sich laufend um die Arbeiten im Haushalt, die aufgeteilt werden können?

Es geht also um realistische, alltagstaugliche Wege von Umkehr, die zu mehr Lebensqualität führen. Eltern sind dabei als Vorbilder wichtig.

Manchmal ist es gut, wenn wir mit jemandem darüber sprechen können, was in unserem Leben nicht gut läuft und wo wir immer wieder Fehler machen. Meist wissen wir in unserem Inneren, was gut oder böse ist. Wir können über unser Leben nachdenken und in uns hineinhorchen, was uns leidtut, wofür wir um Vergebung bitten und was wir künftig anders machen wollen.

Kinder haben die Möglichkeit, über das, was sie in ihrem Leben falsch machen, mit einem Priester zu sprechen und gemeinsam mit ihm Gott um Vergebung zu bitten.

FRIEDE MIT SICH UND MIT ANDEREN

Bevor ihr eure gemeinsame Zeit startet, beginnt in folgender Weise:

- Zündet eine Kerze an und schaut in das Licht.
- Kommt zur Ruhe, indem ihr ein paar Mal ein- und ausatmet.

In unserem Leben gibt es immer wieder auch Streit: Manchmal über Wichtiges, manchmal entzündet sich der Streit aber an völlig unwichtigen Anlässen.

zu anderen

STREITEN, ABER WIE?

Es ist Wochenende und endlich haben alle aus der Familie mal wieder Zeit für ein gemeinsames Mittagessen, ganz ohne Schul- und Arbeitsstress. Die Eltern von Julia und Maximilian haben sich heute deshalb besonders viel Mühe beim Kochen gegeben. Auf dem Esstisch stehen sogar Blumen, in der Küche riecht es schon richtig lecker und im Backofen wartet bereits der Kuchen für den Nachtisch. Sobald alles fertig ist, werden die Kinder zum Essen gerufen. Als die zwei hereinkommen ist allerdings sofort klar, dass etwas nicht stimmt.

Julia hat trotzig die Arme verschränkt und schaut mit zusammengekniffenen Augen in Richtung ihres Bruders, der ihr wütend hinterherläuft und ruft: »Mit so einer blöden Kuh wie dir setze ich mich bestimmt nicht an den Tisch. Wenn du noch einmal in mein Zimmer kommst und meine Sachen nimmst, mache ich dich fertig!« Julia, die sich gerade hinsetzen wollte, springt daraufhin auf und rennt aus dem Zimmer, während sie zurückschreit: »Als ob ich mit so einer Memme wie dir in einem Raum sein will. Ich hab sowieso keinen Hunger.« Auch Maximilian geht zurück in sein Zimmer, knallt die Tür hinter sich zu und stellt seine Musikbox auf maximale Lautstärke.

Die Eltern der beiden schauen sich traurig an und stellen die Kochtöpfe enttäuscht zurück auf den Herd. Sie wissen, dass es nichts bringt, sich jetzt noch einzumischen und Appetit haben sie nun auch keinen mehr.

- Um was ging es in eurem letzten Streit?
- Wie streitet ihr miteinander? Was passiert?
- Wie fühlt ihr euch beim Streiten?

»Gott, überall dort, wo Menschen miteinander reden, gibt es auch Meinungsverschiedenheiten und Streit. Solche Auseinandersetzungen lassen sich nicht vermeiden, sonst müssten alle Menschen die gleiche Meinung haben.
Gott, hilf uns, die anderen so zu nehmen, wie sie sind.
Hilf uns, sie ernst zu nehmen und ihnen zuzuhören.
Lass uns andere nicht verletzen.
Amen.«

Nach einem schlimmen Streit haben wir verschiedene Gefühle in uns. In diesem Rätsel werden solche Gefühle gesucht. Wenn ihr sie alle erratet und sie in die waagrechten Kästchen schreibt, erscheint als Lösungswort der erste Schritt zu Versöhnung.

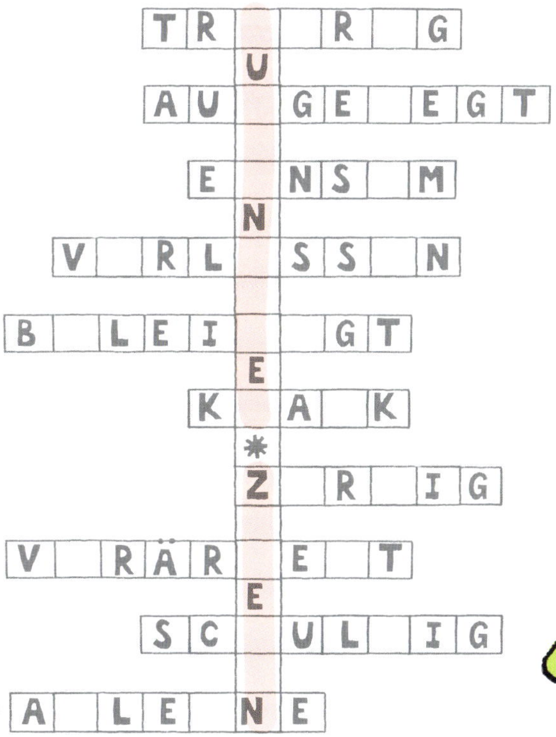

Lösungswort: Aufeinander zugehen

- Mit wem habt ihr in letzter Zeit gestritten?
- Wie könnt ihr versuchen, in den nächsten Tagen auf sie und oder ihn zuzugehen?
- Wie könnt ihr zeigen, dass ihr euch wieder vertragen wollt?

»Wenn dir einfällt,
dass du mit jemandem zerstritten bist,
dann gehe zu ihm hin und versöhne dich.«

(Nach Matthäus 5,23-24)

Über den QR-Code gelangt ihr zum Wortlaut der Bibelstelle nach der Einheitsübersetzung.

- Welche Möglichkeiten haben wir, Frieden zu schaffen?
- Welche Worte, Symbole und Gesten können dabei helfen?

Suchen und fragen (GL 457)

Suchen und fragen, hoffen und sehn,
miteinander glauben und sich verstehn,
lachen, sich öffnen, tanzen, befrein,
so spricht Gott sein Ja, so stirbt unser Nein.
So spricht Gott sein Ja, so stirbt unser Nein.

Klagende hören, Trauernde sehn,
aneinander glauben und sich verstehn,
auf unsre Armut lässt Gott sich ein,
so spricht Gott …

Planen und bauen, Neuland begehn,
füreinander glauben und sich verstehn,
leben für viele, Brot sein und Wein,
so spricht Gott …

Über den QR-Code gelangt ihr zu einer Version des Liedes, sodass ihr es hören und gleich mitsingen könnt.

Es gibt Situationen, in denen es nötig ist, miteinander zu streiten. Wichtig ist dabei, dass wir fair bleiben und versuchen, die anderen zu verstehen. Frieden können wir nur gemeinsam schaffen. Jesus will, dass wir uns versöhnen und Frieden suchen, nachdem es Streit gab.

Wenn ihr aufhört, könnt ihr euch gegenseitig segnen – mit einem Kreuzzeichen auf die Stirn oder indem ihr euch nacheinander die Hand auf den Kopf legt:

»Gott beschütze dich:
Im Namen des Vaters und des Sohnes
und des Heiligen Geistes.«

VERSÖHNUNG TUT GUT

Bevor ihr eure gemeinsame Zeit startet, beginnt in folgender Weise:

- Zündet eine Kerze an und schaut in das Licht.
- Kommt zur Ruhe, indem ihr ein paar Mal ein- und ausatmet.

zu anderen Manchmal kommt in unserem Leben einiges durcheinander. Es ist gut, wenn wir bei uns selber und im Zusammenleben mit anderen immer wieder ausräumen, was zwischen uns steht. Wichtig dabei ist, die eigenen Fehler zuzugeben.
Die folgende Geschichte kann uns dafür die Augen öffnen.

DER ARMREIF

Silvia hat Geburtstag. Sie hat fast die ganze Klasse zu ihrem Fest eingeladen. Sie bekommt sehr viele Geschenke, aber am besten gefällt ihr der silberne Armreif, den ihr der Vater von einer Geschäftsreise aus der Türkei mitgebracht hat. Alle bestaunen das glitzernde Schmuckstück, besonders aber interessiert sich Rasim dafür, ein türkischer Junger aus Silvias Klasse. Er ist stolz, dass das schönste Geburtstagsgeschenk aus seiner Heimat kommt.

Die Kinder spielen den ganzen Nachmittag ausgelassen im Garten. Es ist ein richtig lustiges Fest.

Plötzlich schreit Silvia laut: »Mein silberner Armreif ist weg! Ich habe ihn vorhin auf den Tisch gelegt und nun ist er weg!«

Alle Gäste suchen aufgeregt nach dem Schmuckstück. Doch es lässt sich nicht finden. Plötzlich äußert jemand den Verdacht, Rasim hätte sich den Armreif genommen. Und auf einmal sagen immer mehr Kinder: »Ja, er hat sich doch so dafür interessiert.« »Er wollte ihn doch vorhin schon gar nicht mehr aus der Hand legen.«

»Er hat sich ihn bestimmt genommen.« »Er hat ihn gestohlen.«

Rasim versichert immer wieder, dass er den Armreif nicht habe, aber die anderen Kinder lassen ihn nicht in Ruhe. Schließlich verlässt der Junge mit Tränen in den Augen das Fest.

Abends beim Aufräumen finden Silvia und ihre Mutter den silbernen Armreif unter einem Haufen Geschenkpapier. Ihre Mutter sagt: »Schau mal, was hier ist – der Armreif war gar nicht gestohlen! Ihr habt Rasim sehr ungerecht behandelt!«

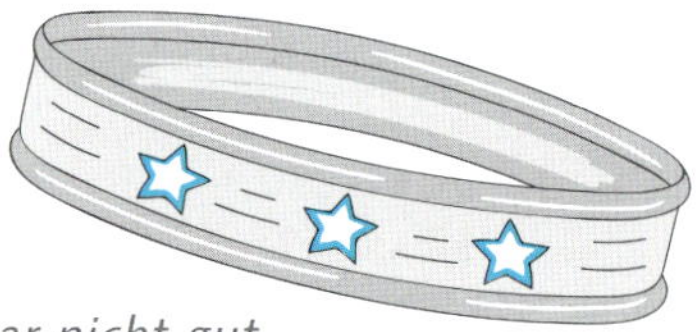

Silvia bekommt einen roten Kopf. Leise geht sie in ihr Zimmer, sie fühlt sich gar nicht gut.

- Überlegt gemeinsam, wie ihr euch an Silvias Stelle am nächsten Tag verhalten würdet, und erzählt die Geschichte zu Ende.
- Wie hättet ihr euch an der Stelle von Rasim gefühlt, der zu Unrecht beschuldigt worden ist?

zu Gott und zu Jesus Im Evangelium finden wir eine ermutigende Geschichte darüber, wie Gott handelt, wenn wir Fehler machen.

Der barmherzige Vater

Es war einmal ein Landbesitzer mit zwei Söhnen. Eines Tages verlangte der jüngere von den beiden seinen Erbteil. So musste der Vater seinen Besitz aufteilen. Der Sohn zog mit dem Geld, das er von seinem Vater bekommen hatte, in ein fremdes Land. Dort gab er das ganze Geld aus.

Eines Tages wachte er auf und bemerkte, dass er alles verschleudert hatte, was er von seinem Vater bekommen hatte.

Im Land herrschte gerade eine große Hungersnot. Auch er litt an Hunger. Nach einiger Zeit gingen ihm die Augen auf und er sagt zu sich: »Ich muss zurückgehen zu meinem Vater. Hier verhungere ich fast und bei meinem Vater haben sogar die Knechte mehr zu essen. Ich werde ihm sagen, wie leid mir alles tut und dass ich vor Gott und vor ihm gesündigt habe. Er wird mich nicht mehr als seinen Sohn aufnehmen, aber vielleicht kann ich für ihn arbeiten.«

Der Sohn machte sich auf den steinigen Weg zurück nach Hause.

Sein Vater sah ihn, als er noch ein ganzes Stück vom Haus entfernt war. Er rannte auf seinen Sohn zu, hatte Mitleid mit ihm und nahm ihn in die Arme. Der Vater musste weinen vor lauter Freude. »Es tut mir so leid, Vater, ich habe vor Gott und vor dir gesündigt«, flüsterte der Sohn. »Ich bin nicht mehr wert, dein Sohn genannt zu werden.«

Der Vater aber schenkte ihm frische, schöne Kleider und sogar einen hübschen Fingerring.
Er ließ ein Tier schlachten und gab ein Fest für seinen Sohn.
Als der ältere Sohn vom Feld nach Hause kam, hörte er, dass sein Bruder zurückgekehrt war. Er wurde zornig und schimpfte mit seinem Vater: »Viele Jahre habe ich für dich geschuftet und du hast kein einziges Fest für mich gegeben! Mein Bruder hat sein ganzes Geld verschleudert, für ihn schlachtest du jetzt sogar ein Tier!«
Der Vater wurde traurig, als er seinen älteren Sohn so zornig reden hörte, und sagte: »Alles hier gehört doch auch dir. Aber dein Bruder war verloren und jetzt ist er wieder da! Komm, lass uns fröhlich sein und feiern!«

(nach Lukas 15,11-32)

Über den QR-Code gelangt ihr zum Wortlaut der Bibelstelle nach der Einheitsübersetzung.

In dieser Geschichte wird deutlich, in welche Situation der jüngere Sohn geraten ist. Er wusste nicht mehr, wie es weitergehen sollte. Er wusste auch nicht, wie sein Vater reagieren würde, wenn er so nach Hause kommt.

Für ihn war seine Situation wie eine Sackgasse, aus der er nicht mehr herauskam.
In einer solchen Situation können wir umdenken und umkehren.

- Wie hat der jüngere Sohn den Weg aus seiner Sackgasse herausgefunden?
- Wie hat der Vater in der Geschichte reagiert?
- Habt ihr auch schon einmal nicht mehr gewusst, was ihr tun sollt? Wie war das?
- Wer oder was hat euch weitergeholfen?

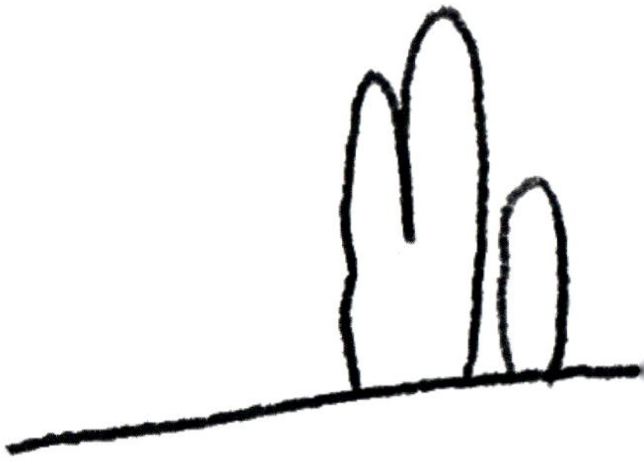

Malt aus, wie der Vater seinen Sohn empfängt, und besprecht gemeinsam, was für euch an dieser Geschichte besonders wichtig ist.

Meine engen Grenzen (GL 437)

Mein engen Grenzen, meine kurze Sicht,
bringe ich vor dich.
Wandle sie in Weite; Herr, erbarme dich.
Wandle sie in Weite; Herr, erbarme dich.

Meine ganze Ohnmacht, was mich beugt und lähmt,
bringe ich vor dich.
Wandle sie in Weite; Herr, erbarme dich.
Wandle sie in Weite; Herr, erbarme dich.

Mein verlornes Zutraun, meine Ängstlichkeit,
bringe ich vor dich.
Wandle sie in Weite; Herr, erbarme dich.
Wandle sie in Weite; Herr, erbarme dich.

Meine tiefe Sehnsucht nach Geborgenheit
bringe ich vor dich.
Wandle sie in Weite; Herr, erbarme dich.
Wandle sie in Weite; Herr, erbarme dich.

Über den QR-Code gelangt ihr zu einer Version des Liedes, sodass ihr es hören und gleich mitsingen könnt.

Manchmal scheitern wir, handeln falsch und werden aneinander schuldig.
Diese Erfahrungen gehören zum Leben.
Bei Gott sind wir trotz unserer Fehler und Schuld niemals abgeschrieben.
Mit jemandem über das zu reden, was uns bedrückt, hilft oft aus solchen Situationen heraus.
Gott ermöglicht uns immer wieder einen neuen Anfang.
Deshalb spricht der Priester im Sakrament der Versöhnung Gottes Vergebung zu.
Diese Freude über einen neuen Anfang können wir feiern.

Wenn ihr aufhört, könnt ihr euch gegenseitig segnen – mit einem Kreuzzeichen auf die Stirn oder indem ihr euch nacheinander die Hand auf den Kopf legt:

»Gott beschütze dich:
Im Namen des Vaters und des Sohnes
und des Heiligen Geistes.«

Die **Feier und Vorbereitung der Versöhnung** findet ihr direkt über diesen QR-Code.

GUTER GOTT,

ICH MÖCHTE GUT SEIN UND TUN, WAS GUT IST.
ICH MÖCHTE LIEBER LICHT
ALS DUNKELHEIT SEIN FÜR ANDERE MENSCHEN.
ICH HABE ES NICHT IMMER FERTIGGEBRACHT.
DU HAST MIR SO VIEL SCHÖNES GESCHENKT.
ICH MÖCHTE DANKBAR SEIN.

LEIDER HABE ICH OFT NUR AN MICH SELBST GEDACHT
UND DICH MANCHMAL VERGESSEN.
NICHT ALLES, WAS ICH FALSCH GEMACHT HABE,
KANN ICH WIEDERGUTMACHEN.
FÜR ALLES, WAS ICH FALSCH GEMACHT HABE,
BITTE ICH DICH UM VERGEBUNG.

GIB MIR KRAFT, ZU ANDEREN MENSCHEN GUT ZU SEIN.
ICH WILL MICH ÄNDERN UND IN ZUKUNFT ...

GUTER GOTT, ICH DANKE DIR.
AMEN.

QUELLENVERZEICHNIS

Textnachweis:
Die Bibeltexte sind der Basisbibel und der Einheitsübersetzung entnommen. Sie wurden von den Autor:innen anhand des griechischen bzw. hebräischen Urtextes korrigiert und im Blick auf Kinder und Familien angepasst.
S. 34 Frei erzählt nach einem Gedicht von Heinrich Böll
S. 144 Cardenal, Ernesto, Der innerste Raum, in: Ernesto Cardenal, Das Buch von der Liebe © Peter Hammer Verlag, Wuppertal 2004
Alle Liedtexte mit dem Kürzel GL sind dem Gotteslob entnommen. © St. Benno Buch und Zeitschriften Verlagsgesellschaft mbH, Leipzig 2022

Bildnachweis:
Alle Illustrationen: Barbara Jung
Ausgenommen sind folgende Illustrationen und Bilder:
stock.adobe.com: S. 22/23 (nonohana); S. 33 (insemar); S. 152 (Shorena Tedliashvili); Musiknoten (ONYXprj; bekkersara)
© Andreas Felger Kulturstiftung, Berlin: S. 109 (Auferstehung, Öl auf Leinwand), S. 143 (Licht auf blauem Feld, Aquarell)
© Thomas Hessler: S. 36 (Gottesbeziehung) Abdruck mit freundlicher Genehmigung von Albert Biesinger, Europakloster Gut Aich 2001
© Sieger Köder: S. 17 (Sieger Köder, Abraham. Die Nacht von Hebron © Sieger Köder-Stiftung Kunst und Bibel, Ellwangen www.verlagsgruppe-patmos.de/rights/abdrucke), S. 90 (Sieger Köder, Ihr habt mir zu essen gegeben © Sieger Köder-Stiftung Kunst und Bibel, Ellwangen www.verlagsgruppe-patmos.de/rights/abdrucke)
© Nolde Stiftung Seebüll: S. 47 (Emil Nolde, Christus und die Kinder, 1910, Öl auf Leinwand)
© VG Bild-Kunst, Bonn 2022: S. 159 (Marc Chagall, Der verlorene Sohn, 1975, Öl auf Leinwand)

Umschlagillustration: Barbara Jung
Cover- und Innengestaltung: Nicole Neumann
Druck und Bindung: Mohn Media GmbH, Gütersloh
Printed in Germany
ISBN 978-3-466-36931-7
www.koesel.de